LE DROIT ET LA LOYAUTÉ :
LA LOYAUTÉ DANS LA PRODUCTION DE LA PREUVE PÉNALE

Réflexion et propositions

LE DROIT ET LA LOYAUTÉ : LA LOYAUTÉ DANS LA PRODUCTION DE LA PREUVE PÉNALE

Réflexion et propositions

Allassane SAGARA

LE DROIT ET LA LOYAUTÉ : LA LOYAUTÉ DANS LA PRODUCTION DE LA PREUVE PÉNALE

Réflexion et propositions

L'Harmattan
Mali

Harmattan Mali
ACI 2000 Bamako - Immeuble Jean-Marie CISSE
Bureau 10
Tél.: +223 76 43 00 66 /+223 66 89 33 72
www.harmattanmali.com

5-7, rue de l'École-Polytechnique ; 75005 Paris
http://www.librairieharmattan.com

Couverture et mise en page : Coco Joyce

ISBN : 978-2-336-50655-5
EAN : 9782336506555

DÉDICACE

Madame Catherine Puigelier, professeur des universités

AVERTISSEMENT

« Les opinions doivent être considérées comme propres à leur auteur. »

SIGLES ET ABRÉVIATIONS

APJ	Agent de police judiciaire
Ass. plén.	Assemblée plénière
Bull.	Bulletin
C./	Contre
Cass.	Cour de cassation
Cass. ch. réunies	Chambres réunies de la Cour de cassation
Cass. civ. 1re	Première chambre civile de la Cour de cassation
Cass. civ. 2e	Deuxième chambre civile de la Cour de cassation
Cass. crim.	Chambre criminelle de la Cour de cassation
Cass. soc.	Chambre sociale de la Cour de cassation
CDI	Commission des droits de l'homme
Comm.	Commentaire
Conv. EDH	Convention européenne de sauvegarde des droits de l'homme
Cour EDH	Cour européenne de sauvegarde des droits de l'homme
CPC	Code de procédure civile
CPP	Code de procédure pénale
Crim.	Chambre criminelle
CSM	Conseil supérieur de la magistrature
D.	Dalloz
DC	Décision du Conseil constitutionnel

Dir.	Direction
DOI	*Digital Object Identifier*
Éd.	Éditions
ISBN	*International Standard Book Number*
JCP	Juris-Classeur périodique (revues éditées par LexisNexis SA)
JLD	Juge des libertés et de la détention
L.	Loi
LGDJ	Législation générale de droit et de jurisprudence
N°	Numéro
Obs.	Observation(s)
ONU	Organisation des Nations unies
Op. cit.	Ouvrage cité
OPJ	Officier de police judiciaire
P.	Page
Par.	Paragraphe
PUF	Presses universitaires de France
QPC	Question prioritaire de constitutionnalité
R.	Règlement
Rés.	Résolution
RSC	Revue de science criminelle
Sic	Écrit littéralement
Somm.	Sommaire
Vol.	Volume

SOMMAIRE

DÉDICACE 7

AVERTISSEMENT 9

SIGLES ET ABRÉVIATIONS 11

SOMMAIRE 13

INTRODUCTION 15

PARTIE I 29

LA LOYAUTÉ PROBATOIRE : UN PRINCIPE GÉNÉRAL EXCLUSIVEMENT PRÉTORIEN 29

CHAPITRE I 31

L'ÉVICTION DU PRINCIPE DE LA LIBERTÉ DÉVOLUE À LA LOYAUTÉ PROBATOIRE 31

CHAPITRE II 61

LA LOYAUTÉ PROBATOIRE : UNE CONSÉCRATION NORMATIVE INCERTAINE 61

CONCLUSION DE LA PARTIE I 90

PARTIE II 93

LA PORTÉE DES MANQUEMENTS AU PRINCIPE DE LA LOYAUTÉ PROBATOIRE 93

CHAPITRE I 95

LA PORTÉE DU NON-RESPECT DE LA LOYAUTÉ PROBATOIRE TENANT À L'ACTE 95

CHAPITRE II 103

LA PORTÉE DU NON-RESPECT DE LA LOYAUTÉ TENANT AUX ACTEURS INSTITUTIONNELS 103

CONCLUSION DE LA PARTIE II 124

CONCLUSION GÉNÉRALE 127

PROPOSITIONS DE *LEGA FERENDA* 129

***LEGA FERENDA* PROPOSALS** 132

BIBLIOGRAPHIE SÉLECTIVE 135

INDEX SÉLECTIF 147

TABLE DES MATIÈRES 151

INTRODUCTION

« Tous les coups ne sont pas permis. »[1]
« La fin ne saurait justifier les moyens. »
« Un procès loyal équivaut à un combat loyal. »

1. Les axiomes précités impliquent un procès légal et loyal tenu dans le respect des préceptes sous l'autorité du juge pénal. Ce dernier écarte systématiquement des débats les armes déloyales administrées par l'agent de l'autorité publique. Autrement dit, la violation du principe général de la loyauté de la preuve est assortie de sanctions. Il ne serait ni légal ni moral de discuter contradictoirement des éléments à charge méconnaissant manifestement les droits fondamentaux de la personne mise en cause, notamment sa vie privée et familiale et son droit à un procès équitable ainsi qu'à l'égalité des armes. En vertu du principe de l'égalité des armes, l'intervention ingénieuse de la Cour du 5 quai de l'Horloge à Paris exprime spécifiquement « le droit et la loyauté ». Pour

[1] Une partie de la doctrine reconnaît le lien entre le principe de la loyauté en matière pénale et les assertions ci-dessus, notamment COUSSERAN Jean-Claude et HAYER Philippe, *Nouvelles leçons sur le renseignement*, Paris, Odile Jacob, 2021, p. 393, dans PUIGELIER Catherine, « Tous les coups ne sont pas permis (ou la loyauté dans la recherche scientifique) », *in* CHAUMET Pierre-Olivier et PUIGELIER Catherine (dir.), Penser la loyauté en droit, Mélanges en l'honneur de Christine Youego, Paris, Mare et Martin, Collection « Liber Amicorum », 29 juin 2023, p. 199 ; WETTERWALD-BERGEAUD Aurélie, « Du bon usage du principe de loyauté des preuves », *Droit pénal*, n°4, étude 7, avril 2014 ; MATSOPOULOU Haritini, « Preuve - Une restriction importante à l'application du principe de la loyauté des preuves », Lexis 360, Éd. Générale (*JCP G*), n°5, 3 février 2020, acte 129.

l'accusé, cela s'explique par le biais d'une condamnation loyale ou d'un acquittement loyal.

2. À l'inverse, la fin ne saurait justifier les moyens pour les agents de l'autorité publique dans l'administration de la preuve pénale[2]. La matière pénale n'est nullement gouvernée par l'administration de la preuve préconstituée, mais reconstituée au prix d'une enquête[3]. Au surplus, il faut garder à l'esprit que la bataille judiciaire pénale n'est donc pas un combat singulier entre l'accusation et l'accusé, mais de ce dernier contre tous (la société représentée par le ministère public et la victime)[4]. L'équité commande la prise en compte des intérêts en présence, plus précisément, l'intérêt public (la société : établir la vérité) et l'intérêt privé (l'accusé : échapper à une incarcération ; et la victime : obtenir une réparation). C'est dans cet esprit d'équilibre du procès criminel qu'est né le principe général de la loyauté probatoire.

3. *In casu,* le droit naturel peut être appréhendé comme l'apanage de tous les droits – physique et moral – de toutes les actions humaines[5]. Partant de ce constat, la droiture

---

[2] SAENKO Laurent, « Du caractère (dé)loyal de la preuve à l'origine inconnue », Recueil D., n°14, 22 avril 2021, p. 776 ; LARDEUX Gwendoline, « Le principe probatoire : règle de preuve, les principes fondamentaux », D., *Répertoire de droit civil*, octobre 2018, par. 382.

[3] BOCCON-GIBOD Didier, « Sur la loyauté de la preuve pénale », *in* ALIX Julie et autres (dir.), Humanisme et justice, Mélanges en l'honneur de Geneviève Giudicelli-Delage, D., 2016, p. 279.

[4] SAGARA Allassane, « Le droit, berceau de la loyauté : la loyauté dans la production de la preuve pénale », *in* CHAUMET Pierre-Olivier et PUIGELIER Catherine (dir.), Penser la loyauté en droit, Mélanges en l'honneur de Christine Youego, *op. cit.,* p. 215.

[5] LALANDE André, *Vocabulaire technique et critique de la philosophie*, 3e éd., Quadrige-PUF, 2010, p. 585.

apparaît comme le dénominateur commun entre le droit et la loyauté. Il convient de s'interroger sur les critères attestant de l'unicité conceptuelle de ces deux notions.

4. Le terme « droit » est dérivé du nom *directum* qui a pour adjectif *directus*[6], signifiant « donner une direction » (déterminer, ordonner ou régler). Il organise le comportement de la société. Il est notamment caractérisé par la loi qui vise un fait ou des faits[7]. Il peut être substitué au terme de « loi », dont l'adjectif est « légal », qui découle du latin *lex* ou *lege*. Cette expression, à caractère général et impératif, exprime l'ordre social, juridique et éthique. Notons avec justesse que la régularisation des rapports humains implique une approche réaliste[8]. Le terme recouvre, *lato sensu,* les exigences éthiques, dont la loyauté.

5. Il est donc clair que la loyauté, du latin *lealta-lealate*[9], dérivant du terme « loyal », se définit comme étant conforme à la loi[10]. Cela étant, le mot « loyal », du latin *legalis*, désigne la fidélité à une autorité légitime et à la loi. Force est de constater que la loi est le berceau de la loyauté. Également, elle signifie une vertu morale ou éthique qui exprime l'honnêteté envers soi-même, une personne, une

---

[6] ARNAUD André-Jean, *Dictionnaire encyclopédique de théorie et sociologie de droit*, 2e éd., 2018, LGDJ, p. 190.

[7] PUIGELIER Catherine, *La pratique de la cassation en matière sociale*, LGDJ, Collection « Droit et Professionnels », 2013, p. 184.

[8] PUIGELIER Catherine et SAINTE-ROSE Jerry, « Le mensonge en Science et en Droit », *in* Entre tradition et modernité, le droit pénal en contrepoint, Mélanges en l'honneur d'Yves Mayaud, 2017, p. 135.

[9] LALANDE André, *Vocabulaire technique et critique de la philosophie, op. cit.*, p. 586.

[10] CORNU Gérard, *Vocabulaire juridique*, 13e éd., Quadrige-PUF, 2020, p. 624.

fonction, une autorité, un devoir (une obligation), l'absence de ruse, de trahison, la sincérité et la franchise. En outre, elle demeure « *une notion hybride* »[11] avec une exigence à la fois éthique et juridique. La place qu'elle occupe dans le droit processuel pénal est substantielle.

6. En outre, le droit et la loyauté régissent tous les secteurs de la vie humaine. La loyauté apparaît comme une vertu omniprésente dans le droit[12], voire comme une notion juridique qui s'est très vite juridicisée[13]. Ce qui est loyal ne serait rien d'autre que ce qui est légal[14]. Autrement dit, est loyal ce qui est conforme à la loi[15]. La loi n'est autre que ce qui est loyal. Ensuite, les deux expressions demeurent liées par un cordon ombilical analogue. La frontière entre légal

---

[11] SAGARA Allassane, « Le droit, berceau de la loyauté : la loyauté dans la production de la preuve pénale », *op. cit.,* p. 216.

[12] WATHELET Joachim, *La loyauté en droit de la propriété intellectuelle*, Presses universitaires d'Aix-Marseille, Collection « Institut de Droit des Affaires », 2019, p. 17.

[13] GUINCHARD Serge, « Préface », *in* BOURSIER Marie-Emma, « Le principe de loyauté en droit processuel », Éd. D., Collection « Bibliothèque des Thèses », 2003, p. X.

[14] LEBORGNE Anne, « L'impact de la loyauté sur la manifestation de la vérité ou le double visage d'un principe », cité par CADIET Loïc, « Le principe de la loyauté devant le juge civil et le juge commercial », *in* La loyauté de la preuve en matière civile, commerciale, pénale et administrative, colloque organisé le 15 octobre 2015 par le tribunal de grande instance de Paris, *JCP*, LexisNexis, n°12, décembre 2015, p. 11 ; FRYDMAN Patrick et SORIN Julien, « Le principe de la loyauté devant le juge administratif », *in* La loyauté de la preuve en matière civile, commerciale, pénale et administrative, colloque précité, p. 26.

[15] FRICERO Natalie, « Synthèse », *in* La loyauté de la preuve en matière civile, commerciale, pénale et administrative, colloque précité, p. 67.

et loyal n'est pas bien claire[16]. Il va de soi que le droit et la loyauté demeurent deux conceptions analogues et complémentaires, qui recouvrent respectivement une obligation légale et morale. Partant, elles sont revêtues de natures juridiques à valeur contraignante.

7. Du point de vue strictement juridique, la loyauté demeure un principe sous-jacent aux droits de la défense, lequel est reconnu par une série d'instruments juridiques, à l'instar de l'article 10 de la Déclaration universelle des droits de l'homme qui énonce : « *Toute personne a droit, en pleine égalité, à ce que sa cause soit entendue équitablement et publiquement par un tribunal indépendant et impartial, qui décidera soit de ses droits et obligations, soit du bien-fondé de toute accusation en matière pénale dirigée contre elle (...).* » *In extenso,* il s'agit d'un principe universellement reconnu[17].

---

[16] CONTE Philippe, « La loyauté de la preuve en procédure pénale : fragile essai de synthèse », *in* La loyauté de la preuve en matière civile, commerciale, pénale et administrative, colloque précité, p. 23.

[17] Sous l'angle du procès équitable, voir : ONU, Assemblée générale, résolution A/RES/2200 (XXI) A-C, adoptée à sa 21e session, 1 496e séance, 16 décembre 1966, article 14, alinéa 1 ; Conseil de l'Europe, Convention de sauvegarde des droits de l'homme et des libertés fondamentales, article 6 ; Charte des droits fondamentaux de l'Union européenne (2000/C 364/01), article 47 (2) ; Organisation des États américains, Convention américaine relative aux droits de l'homme (ou pacte de San José), adoptée le 22 novembre 1969, article 8, par. I ; Organisation de l'Unité africaine, Charte des droits de l'homme et des peuples, article 7 ; projet de Code des crimes contre la paix et la sécurité de l'humanité, adopté par la CDI à sa quarante-huitième année, 1996, article 11 (a) ; Constitution française du 4 octobre 1958, articles 64 et 65 ; CPP, article préliminaire.

8. Les différentes professions sont assujetties non pas uniquement au droit, mais à une exigence de devoir moral, en particulier de loyauté. À titre de topique, il sied de mentionner l'exigence de loyauté des magistrats, des notaires, des avocats, des médecins, etc.

9. D'après la définition énoncée sous la direction de la professeure Catherine Puigelier, qu'il convient de reprendre *litteria,* la preuve désigne « *un fait ou un ensemble de faits susceptible(s) de prouver, de démontrer la véracité d'une affirmation* »[18]. La notion de preuve est intimement liée à la vérité[19]. L'autorité de poursuite doit produire devant le juge, en particulier le juge pénal, toute information pouvant étayer les charges accablantes alléguées. Il en est de même pour la victime. *A contrario,* la personne mise en cause peut se prévaloir des éléments probants à décharge.

10. Il n'est pas douteux que la preuve occupe une place centrale. Il convient de reprendre *ad litteram* la formule de la professeure Catherine Puigelier et de Monsieur Jerry Sainte-Rose, qui affirment que « *la preuve est (...), en droit essentiel, présente dans toutes les disciplines. Elle peut être simple ou complexe, fermée, ouverte. Elle peut être légale*

---

[18] PUIGELIER Catherine, BOTTINI Fabien, et autres, *Dictionnaire juridique*, Bruylant, 3e éd., Collection « Paradigme », 2020, p. 916 ; en ce sens, ALLAND Denis et RIALS Stéphane, *Dictionnaire de la culture juridique*, Quadrige-PUF/Lamy, 2003, p. 1195 ; RUDVON Jhering, « La preuve est la rançon de droit », *in* SERGUES Bernard, Citations juridiques en droit pénal, octobre 2020, p. 143.

[19] PIN Xavier, « Preuve et vérité(s) », *in* BEAUVAIS Pascal et PARIZOT Raphaëlle (dir.), Les transformations de la preuve pénale, LGDJ, 2018, p. 12.

ou jurisprudentielle »[20]. Elle apparaît comme une prescription légale et prétorienne des procédés visant l'obtention de toute preuve contradictoirement discutable sous l'autorité du juge. Sur ce point, le principe de la loyauté probatoire requiert le respect des exigences de sincérité et de droiture des agents publics dans la recherche de la preuve, à l'exclusion de ruses, de stratagèmes et de fraudes. Pour faire simple, la sincérité des agents de l'autorité publique est une exigence impérative dans la production de la preuve pénale. La recherche de la vérité ne doit pas être menée par des procédés douteux. L'administration de la preuve se distingue fondamentalement selon les domaines[21].

11. Rappelons que la loyauté probatoire n'a fait l'objet d'aucune définition normative en droit interne, conventionnel et international. Ajoutons que ni la haute cour du 5 quai de l'Horloge à Paris ni la Cour EDH n'ont établi une définition nette du principe général de la loyauté. Notoirement, la notion de loyauté échappe à l'emprise de la

---

[20] PUIGELIER Catherine et SAINTE-ROSE Jerry, « Le mensonge en Science et en Droit », *op. cit.*, p. 135. Dans le même sillage, CASTETS-RENARD Céline, « Quelles nouveautés en matière de preuve numérique ? », *in* FAYE Sylvie (dir.), La preuve, Éd. D., *Justice et Cassation*, 2017, p. 23. Une distinction entre l'administration de la preuve civile, pénale et commerciale peut porter sur les textes qui gouvernent les différentes matières. Elle repose sur des critères objectifs qui retracent la constitution d'une infraction. Ce rôle est dévolu aux autorités publiques (le magistrat instructeur, les fonctionnaires de police, etc.).

[21] Une distinction entre l'administration de la preuve civile, pénale et commerciale peut porter sur les textes qui gouvernent les différentes matières. Elle repose sur des critères objectifs qui retracent la constitution d'une infraction. Ce rôle est dévolu aux autorités publiques.

loi[22]. Elle ne se réduit ni à la conformité morale ni à la seule conformité à la règle légale[23]. Les éléments de définition du principe général de la loyauté apparaissent dans certains arrêts de la haute cour. Certaines définitions doctrinales existent[24], s'appuyant sur certains critères établis par la

---

[22] CONTE Philippe, « La loyauté de la preuve en procédure pénale : fragile essai de synthèse », *in* La loyauté de la preuve en matière civile, commerciale, pénale et administrative, colloque précité, p. 22.

[23] MOLINS François, « L'appréciation du principe de la loyauté de la preuve : applications pratiques devant le juge pénal », *in* La loyauté de la preuve en matière civile, commerciale, pénale et administrative, colloque précité, p. 49.

[24] Sur la définition de la loyauté probatoire, il est significatif de noter que la loyauté peut être appréhendée par sa signification positive, c'est-à-dire par son synonyme, comme négative, par son antonyme. Selon le sens positif : BOUZAT Pierre, « La loyauté dans la recherche de la preuve », note Brouchot, *in* Problème contemporain de procédure pénale, Mélanges, recueil d'études en hommage à Huguenеy Louis, 1964, p. 172 : « *La loyauté est une manière d'être de la recherche des preuves, conforme au respect des droits de l'individu et à la dignité de la justice* » ; DESPORTES Frédéric et LAZERGES-COUSQUER Laurence, *Traité de procédure pénale*, 4e éd., Economica, Collection « Corpus - droit privé », p. 419. Sur la définition, voir *supra*, *ibid.*, note SAGARA Allassane (introduction). La définition selon le sens antonyme du terme : PRADEL Jean, *Procédure pénale*, Éd. Cujas, 20e éd., 2019, p. 434. Il note qu'« *il y a déloyauté lorsque l'enquêteur ou le juge d'instruction use des procédés non conformes aux principes fondamentaux de notre ordre juridique pour obtenir des éléments de preuve. La déloyauté évoque la tromperie, les artifices, les promesses, les menaces, tous agissements réduisant ou supprimant le libre arbitre* » ; également, voir BARTHÉLEMY Jean, « Loyauté et déontologie », *Justice & Cassation*, 2014, p. 24. Chaque définition proposée a ses mérites. Les différentes définitions de la loyauté proposées par la doctrine ne prennent pas en compte tous les contours

Cour de cassation. Il apparaît donc logique que cette notion soit en quête d'une définition basée sur des critères objectifs. Cependant, d'autres auteurs soutiennent qu'elle constitue une notion indéfinissable, conférant au juge une discrétion absolue[25]. La complexité de la définition de cette notion réside dans la nature morale autant que juridique qui recouvre techniquement ainsi la peau du caméléon.

Du point de vue topique, le propre de la loyauté dans la recherche de la preuve implique l'exigence éthique et juridique contre toutes pratiques (des ruses, des stratagèmes, des tromperies et des tortures) non conformes aux droits de la défense, à la déontologie et à la dignité, et dont la violation est susceptible d'entraîner des sanctions, notamment contre l'acte et éventuellement contre les acteurs institutionnels du procès pénal.

12. De prime abord, la lecture des jurisprudences de la Cour de cassation et de la doctrine fait apparaître des dénominations telles que « la loyauté de la preuve », « la loyauté de preuve », « la loyauté des preuves », « le principe de la loyauté dans l'administration de la preuve », « le principe de la loyauté de la preuve », « le principe de la loyauté procédurale », « le principe général de la loyauté de la preuve » et « le principe général de la loyauté ». Ces différentes dénominations du principe créent un brouillage. La clarification des périmètres du principe de la loyauté doit passer par une dénomination claire, autrement dit, par une dénomination standard.

---

de cette notion. Cela atteste de la complexité du terme « loyauté », une notion à la fois morale et juridique.

[25] MATSOPOULOU Haritini, « Consécration et limites du principe de la loyauté de la preuve : quelle réalité », *Lamy*, 27 août 2019, p. 1.

13. Il est judicieux de planter le décor de la loyauté dans le droit de l'administration de la preuve pénale. Ce principe se démarque considérablement du principe directeur du procès civil. Le principe de la loyauté de la preuve n'est rien d'autre que le respect de la loi tenant des principes du procès équitable (la contradiction, l'impartialité et l'égalité des armes)[26]. Son application diffère selon la matière civile, administrative ou pénale. La loyauté de la preuve en droit pénal revêt une exigence fondamentale. Elle s'applique aux magistrats (au juge national[27] et au juge conventionnel[28]) ainsi qu'aux agents publics[29]. D'ailleurs, ils doivent prêter un serment solennel avant de mener leurs fonctions avec loyauté[30].

---

[26] CASTELAIN Stéphane, « Loyauté et procédure », *in* PETIT Franck (dir.), Droit et loyauté, D., Collection « Thèmes et commentaires », acte de colloque, 2015, p. 42.

[27] En ce sens, voir le serment des magistrats (siège et parquet) (« [...] en digne et loyal magistrat »), conformément à l'article 6, et l'article 20 en ce qui concerne le serment des auditeurs de justice de l'ordonnance n°58-1270 du 22 décembre 1958 portant loi organique relative au statut du magistrat.

[28] À ce propos, voir la résolution sur l'éthique des magistrats de la Cour EDH, 1er septembre 2021, « Intégrité » (I), « Liberté d'expression et contacts » (VII).

[29] Code de la sécurité intérieure, livre IV, titre 3, chapitre 4, « Code de déontologie de la police nationale et de la gendarmerie nationale », articles R. 434-2 et R. 434-5.

[30] L'entrée en fonction des magistrats et celle des fonctionnaires de police sont inaugurées par les exigences déontologiques, dont le principe de la loyauté. La loyauté est le socle du serment ainsi prêté par les autorités publiques. Convient-il de les autoriser à recourir à des stratagèmes, à des ruses ou à des mensonges, ou encore à une infraction pour établir la matérialité des faits ? La recherche de la vérité

14. Étant une exigence morale, la loyauté occupe une place de choix dans la déontologie de toutes les professions, en particulier la fonction judiciaire et des agents publics (la police et la gendarmerie). Dans un État de droit, il ne serait pas crédible que les magistrats acceptent les preuves obtenues par les enquêteurs par des procédés déloyaux aux fins de fonder la condamnation de l'accusé. Cela porterait atteinte à la crédibilité de la police, de la gendarmerie et de la société. Partant, la loyauté apparaît comme une exigence qui s'impose aux agents publics.

15. L'intérêt de ces travaux est double : théorique et pratique. D'abord, en ce qui concerne l'intérêt théorique, la notion de loyauté anime l'actualité. De plus en plus, elle apparaît au centre de la recherche de la preuve par l'agent de l'autorité publique. Il convient de poser l'équation entre le droit et la loyauté. L'analyse entreprise apportera une information rationnelle aux universitaires, aux juristes et à la presse. Elle vise également à promouvoir la loyauté en tant qu'exigence morale et juridique dans la recherche de la preuve par les agents de l'autorité publique. De fait, la promotion de la loyauté probatoire dans la recherche de la preuve pénale par les enquêteurs permettra de consolider la crédibilité des structures d'enquête (la police et la gendarmerie). Cela relève d'une importance particulière dans une société démocratique. L'administration de la preuve pénale est l'une des conditions préalables à un procès équitable, dans ce cas, un procès pénal entre l'accusé et la société. La recherche de la preuve par les enquêteurs aux fins d'établir la vérité judiciaire doit être libre, légale et loyale.

---

intervenant au moyen d'une infraction apparaît inadmissible au regard des principes juridiques et déontologiques.

16. Il sera donc exclu de l'analyse entreprise l'examen détaillé des différentes preuves pénales, la distinction entre les principes de la loyauté, de la liberté et de la loyauté de la preuve pénale et la distinction entre le droit et la loyauté. La distinction entre la loyauté dans la recherche de la preuve pénale et les autres disciplines sera écartée.

17. Dès lors, il sera inclus essentiellement dans l'analyse du principe de la loyauté de la preuve devant le juge pénal, et éventuellement le juge conventionnel : l'exigence éthique des magistrats et des fonctionnaires de la police judiciaire dans la production de la preuve pénale, les garanties des droits fondamentaux des personnes privées, ainsi que l'avenir de la loyauté dans l'ordre pénal.

18. En outre, il convient de mettre en exergue la mise en œuvre et les effets de la preuve obtenue par l'agent de l'autorité publique, y compris les conséquences sur l'acte incriminé. Outre l'effet sur l'acte, la procédure disciplinaire et les éventuelles sanctions sont susceptibles d'être prononcées à l'égard des acteurs institutionnels du procès pénal.

19. En toute hypothèse et en soi, que vient faire la loyauté, une simple vertu essentiellement morale, dans le droit de la preuve pénale ? *De lege lata,* convient-il de s'interroger sur l'existence du principe général de la loyauté de la preuve ? *De lege ferenda,* la loyauté est-elle un principe général en voie de consécration légale et conventionnelle ? Peut-on légitimement s'interroger sur la valeur juridique du principe général de la loyauté probatoire (supra ou infralégislative) ? En outre, quelle peut être sa pertinence dans le procès pénal ? Après son irruption dans le droit, l'ancrage de la loyauté n'atteste-t-il pas qu'elle constitue une règle déontologique spéciale dont la violation entraîne des sanctions disciplinaires, pénales, voire civiles ?

20. *Prima facie,* le droit positif est régi par un certain nombre de principes : la liberté, la légalité et la loyauté de la preuve. Comme il sera évoqué *infra*, la liberté de la preuve fait l'objet d'une consécration normative, mais également subordonnée à des limites juridiques, dont la loyauté de la preuve. Ce principe a été conçu, *ab initio,* par le juge. Il est connu et solidement ancré en droit interne et conventionnel sous la sauvegarde prétorienne. Il convient de passer le principe de la loyauté au crible afin de démontrer s'il constitue ou non un droit autonome dans l'administration de la preuve pénale.

21. Par ailleurs, la loyauté est reconnue comme une exigence prescrite aux agents publics dans la recherche de la preuve. Les atteintes à ce principe sont donc conséquentielles, comme la violation de toute règle de droit positif. Le législateur n'a envisagé aucune approche hostile à l'égard de ce principe. Ce silence se déduit d'une acceptation implicite du principe en droit de la preuve pénale **(Partie I)**.

22. *Secundo facie*, les manquements avérés au principe de la loyauté par les agents publics ont des effets procéduraux. À l'instar de la procédure, la mise en jeu des différents régimes de responsabilité (disciplinaire, pénale et civile) de l'agent public est envisageable **(Partie II)**.

PARTIE I

LA LOYAUTÉ PROBATOIRE : UN PRINCIPE GÉNÉRAL EXCLUSIVEMENT PRÉTORIEN

23. Le juge national et le juge conventionnel s'érigent de plus en plus comme les sentinelles du principe général de la loyauté probatoire. En raison de quelle prescription légale – sur quel fondement textuel – la Cour de cassation a-t-elle établi ce principe ? La loyauté de la preuve pénale demeure une exigence fondamentale prescrite à l'initiative de la Cour de cassation **(Chapitre I)**.

24. Sur ce point, la loyauté en droit de la preuve pénale n'est pas textuellement consacrée. En plus, la loi ne s'oppose pas à ce principe. Cependant, des techniques d'enquête sont autorisées par le législateur. Le principe de la loyauté trouve son siège dans l'article 6 de la Cour. Il n'est pas non plus explicitement affirmé par la Convention EDH **(Chapitre II)**.

CHAPITRE I

L'ÉVICTION DU PRINCIPE DE LA LIBERTÉ DÉVOLUE À LA LOYAUTÉ PROBATOIRE

25. Le principe de la liberté de la preuve pénale est strictement encadré par la loi et par le juge. Ce principe ne s'applique pas *inter partes* dans l'administration de la preuve pénale. Faut-il souligner au passage que la Cour n'a pas très nettement circonscrit la ligne médiane entre la loyauté et la légalité probatoire[31] ? Le principe semble modulé et tend à s'appliquer au cas par cas du fait de l'agent de l'autorité publique. La *ratio decidendi* de cette ligne directrice apparaît variée[32] et évolutive. Ce principe

[31] La chambre criminelle fait recours de manière abondante aux deux expressions qui prêtent à confusion. La doctrine s'est prononcée sur cette interprétation. Selon le professeur Jean Pradel, une distinction entre preuve déloyale et illicite doit être nuancée. La preuve illicite (ou illégale) est celle qui a été recueillie en violation directe d'un texte, en fait, par des moyens d'infraction. La preuve déloyale est obtenue par des ruses et des stratagèmes permettant d'obtenir clandestinement une preuve pénale sous l'apparence du respect de la loi. PRADEL Jean, *Procédure pénale, op. cit.*, p. 434.

[32] La *ratio decidendi* du principe général de la loyauté quant aux agents de l'autorité publique. Premièrement, une justification d'ordre déontologique peut être apportée. À vrai dire, les arrêts *Wilson* et *Imbert* semblent s'aligner sur des raisons plus d'ordre éthique (loyauté et dignité) que juridique. Il ne faut pas oublier que la justification de ce principe évoluera au fil du temps. Les ruses de la part des agents de l'autorité publique constituent des fautes déontologiques et pénales. Deuxièmement, une justification textuelle peut être avancée. Il faut encore relever que la Cour se réfère à l'article préliminaire et à l'article 427 du CPP : elle indique une limitation au principe de la liberté de la preuve pénale. En outre, il faut noter que cette justification portera sur les droits de la défense. À titre de raisons supplémentaires, le recours à

s'applique aux différents pans pénaux[33] et aussi aux agents de l'autorité publique **(Section 1)**, mais il ne connaît pas la même rigueur quant aux personnes privées **(Section 2)**.

---

ce principe portera sur la sauvegarde de la dignité de la personne mise en œuvre sur le fondement de l'article 8 et de l'article 6 de la Conv. EDH. S'agissant de la justification des droits de la défense et de la dignité humaine, cela est cohérent avec les préceptes fondamentaux puisque le juge est le gardien des libertés publiques conformément aux articles 64 et 65 de la Constitution de 1958. Il incombe au premier chef aux juges du fond de veiller à ce que les armes déloyales soient écartées. Il importe de garder à l'esprit que les raisons du principe de la loyauté probatoire imposées aux magistrats et aux enquêteurs sont conformes aux règles déontologiques. La loyauté est l'une des exigences déontologiques qu'ils doivent strictement observer dans leurs fonctions respectives. Ils doivent s'en tenir à sa mise en œuvre concrète. La dichotomie entre les intérêts en présence est l'une des raisons essentielles qui résument que le principe susmentionné soit appliqué aux juges d'instruction et aux fonctionnaires de la police et de la gendarmerie. Les raisons de ce principe ne sont pas effectives. La haute cour continue d'élargir et d'affiner les raisons concrètes du principe de la loyauté probatoire. Ce constat peut être raisonnablement appréhendé à travers les jurisprudences pertinentes de la Cour de cassation. Du reste, le CSM note que « *la loyauté procédurale s'étend du respect des lois et des principes directeurs de procédure civile et pénale qui fixent les pouvoirs et les devoirs des magistrats* ». Il note également, dans son recueil déontologique, que « *l'obligation de loyauté exige du magistrat qu'il applique les règles de droit sans les outrepasser, les dénaturer, les contourner ou les détourner* ». CSM, Recueil des obligations déontologiques des magistrats, chapitre IV, « La loyauté », par. 4, 16 janvier 2019, p. 4. *Idem*, voir les paragraphes 7 à 10 concernant la loyauté dans l'activité juridictionnelle. Il appert ainsi que la raison principale de l'exigence de la loyauté relève des principes déontologiques.

[33] Il s'agit de la procédure pénale, du droit pénal des affaires, du droit pénal social, etc.

SECTION 1. LES ACTEURS INSTITUTIONNELS DU PROCÈS PÉNAL ASSUJETTIS AU PRINCIPE DE LA LOYAUTÉ

La loyauté de la preuve est érigée au rang d'une règle de droit autonome prescrite aux agents de l'autorité publique dans la recherche de la preuve pénale. Elle apparaît comme une exigence inhérente à la fonction des magistrats **(§1)** et à celle des agents publics (le policier et le gendarme) en qualité de fonctionnaires de la police judiciaire **(§2).** La loyauté apparaît aussi comme une condition supplémentaire au principe de la liberté de la preuve **(§3).**

§1. L'exigence de la loyauté probatoire imposée aux magistrats instructeurs

26. La liberté de la preuve ne doit pas être utilisée à titre arbitraire. Plus notoirement, la Cour de cassation a reconnu le principe général de la loyauté de la preuve dans l'arrêt *Wilson* rendu le 31 janvier 1888. En fait, le magistrat instructeur avait maquillé son identité pour obtenir des preuves à travers un appel téléphonique. Les chambres réunies de la Cour de cassation ont affirmé qu'« *un procédé s'éloignant des règles de la loyauté [...] constitue par là même un acte contraire aux devoirs et à la dignité du magistrat* »[34] .

27. Très nettement, deux constats peuvent être relevés. *Primo*, la haute cour indique que des procédés et des stratagèmes déloyaux pratiqués par le magistrat instructeur altèrent le respect de la loyauté dans la recherche de la

[34] Cass. ch. réunies, 31 janvier 1888, I, 241, affaire dite *Scandale des décorations*, arrêt *Wilson*, 1888, *in* PRADEL Jean, *Procédure pénale, op. cit.*, p. 436 ; BOCCON-GIBOD Didier, « Sur la loyauté de la preuve pénale », *op. cit.*, p. 276 ; DESPORTES Frédéric, « La loyauté dans l'enquête », *Justice & Cassation*, 5 octobre 2014, p. 25 ; BOURSIER Marie-Emma, *Le principe de loyauté en droit processuel*, *op. cit.*, p. 93.

preuve. La *ratio decidendi* de cet arrêt s'explique par le respect strict de l'exigence éthique dans la recherche de la preuve pénale. *Secundo,* les procédés du juge d'instruction ne sont pas conformes aux principes déontologiques. Il n'est pas nécessaire ici de s'attarder sur les exigences déontologiques. Cet arrêt consacre pour la première fois l'apparition ou le baptême de la loyauté dans l'administration de la preuve pénale. Le juge ne saurait dissimuler son identité afin d'obtenir des informations accablantes contre une personne mise en cause.

28. L'arrêt rapporté marque l'irruption de l'exigence éthique qu'est la loyauté dans la sphère judiciaire. La loyauté de la preuve est un principe réceptif en droit positif, et sa méconnaissance par l'agent de l'autorité publique conduit à la remise en cause de la preuve obtenue déloyalement et illicitement. Par la suite, le principe connaîtra une évolution spectaculaire.

29. Il faut signaler que le principe a été consacré bien avant l'article préliminaire et l'article 427 du CPP. Il est évident que le magistrat instructeur délègue certaines de ses fonctions à d'autres agents publics dans le cadre d'une commission rogatoire. La Cour de cassation a jugé qu'il « *est de principe qu'un juge d'instruction doit toujours agir à visage découvert en déclarant ses qualités et fonctions et qu'il ne lui appartient pas, à peine d'excès de pouvoir, de tendre des pièges aux témoins ou aux inculpés* »[35].

§2. L'exigence de loyauté imposée aux OPJ et aux APJ de la police judiciaire

30. Il est de jurisprudence constante de la Cour de cassation que l'exigence de loyauté dans la recherche de la preuve

[35] Cass. crim., 12 juin 1952, II, *Bull.*, n°7241, *JCP*, note Brouchot, *in* Grands arrêts, PRADEL Jean et VARINARD André (dir.), D., 10e éd., 2020, p. 201.

« *pèse sur l'autorité publique* »[36]. Le principe de la loyauté s'applique aux agents publics *in personam* (**A**), avec prohibition de tout recours au « *détournement ou au contournement* »[37] ou à une tierce personne (**B**).

A) Le principe de la loyauté applicable *in personam* aux agents publics

31. *Quid* des agents de l'autorité publique ? Le principe général de la loyauté s'applique *erga omnes* aux agents publics pouvant intervenir dans l'administration de la preuve pénale[38]. Les agents de l'autorité publique peuvent être des officiers et des agents de la police et de la gendarmerie.

32. En vertu du principe général de la loyauté probatoire, la Cour considère que les procédés, les stratagèmes ou les ruses vicient la recherche de la vérité opérée par les fonctionnaires de la police. Partant, de telles pratiques portent atteinte au principe de la loyauté de la preuve[39]. Il en est ainsi pour l'agent de la douane dans la détermination

---

[36] Cass. crim., 1er décembre 2020, requête n°20-82.078 ; DELAGE Pierre-Jérôme, *RSC*, 2021, p. 117.

[37] Les termes de « détournement » et de « contournement » sont parfois employés par la haute cour. Les deux expressions ont-elles le même sens ? Le détournement de la procédure implique le truchement des règles d'une procédure spécifique à d'autres fins. Le contournement de la procédure requiert le truchement des règles par le biais d'une tierce personne pour satisfaire un but précis en l'absence de violation des exigences légales. Employés dans le cadre de la preuve, les deux termes ont des buts identiques, c'est-à-dire permettre à l'agent public d'obtenir la preuve.

[38] Plus généralement, il s'agit des officiers et des agents de police judiciaire, etc.

[39] Cass. crim., 27 février 1996, requête n°95-82.366.

des agissements délictueux[40]. Faut-il rappeler que la loyauté probatoire s'opère sur l'ensemble de l'administration de la preuve pénale ? La Cour fait référence officiellement au principe général de la loyauté dans l'administration de la preuve pénale, marquant dès lors son ancrage dans le droit positif répressif. À la vérité, ce fut le début de l'investiture juridique de la loyauté au rang de principe général.

33. Par ailleurs, les OPJ et les APJ de la gendarmerie sont soumis aux exigences du principe de la loyauté dans la recherche de la preuve. Ne constituent pas un stratagème des propos qui n'ont pas été recueillis par « *les gendarmes contre le gré de l'intéressé ou à son insu* »[41]. Plus généralement, il est donc interdit aux enquêteurs de procéder au contournement ou au détournement de la procédure afin d'éluder la violation des règles gouvernant l'administration de la preuve.

B) Les procédés relatifs aux manquements au principe général de la loyauté

34. La Cour de cassation a affiné la notion de stratagème dans un arrêt d'assemblée de 2019. Elle a jugé que « *seul est proscrit le stratagème qui, par un contournement ou un détournement d'une règle de procédure, a pour objet ou pour effet de vicier la recherche de la preuve en portant atteinte à l'un des droits essentiels ou à l'une des garanties fondamentales de la personne suspectée ou poursuivie* »[42]. Cela peut être une ruse pour tromper l'ennemi[43]. C'est

---

[40] Cass. crim., 5 mai 1988, requête n°97-83.117.

[41] Cass. crim., 7 janvier 2020, requête n°19-84.246.

[42] Cass. ass. plén., 9 décembre 2019, requête n°18-86767 ; note PITTI Gérard, « L'affaire de la *sextape*, match retour : l'art de la feinte », Lextenso, *Gazette du Palais*, n°03, 21 janvier 2020, p. 19.

[43] WETTERWALD-BERGEAUD Aurélie, « Du bon usage du principe de loyauté des preuves », art. cité, par. 17.

cacher la vérité au suspect afin de constater l'infraction. Les stratagèmes constituent des ruses, des tromperies, des artifices, etc.

35. Pour le reste, le respect du principe général de la loyauté probatoire s'impose aux agents publics. La jurisprudence n'a pas nettement tranché la différence entre les deux notions amenant le détournement ou le contournement de la procédure. Elle constitue toute « nuance » où la voie du contournement ou du détournement de procédure est étroite[44]. Les stratagèmes visant à recourir à des tiers (contournement) **(1)** et à des procédures autres que celles prévues par la loi (le détournement) **(2)** demeurent strictement proscrits en droit interne.

1) La non-conformité du contournement de la règle de procédure au principe de la loyauté

36. Le contournement dans la recherche de la preuve pénale n'a pas été juridiquement défini. Les définitions spécifiques ne figurent pas dans les dictionnaires juridiques. Les précisions établies par la Cour de cassation sont trop générales. La doctrine a donné des définitions à cet effet, par exemple, lorsque l'enquêteur utilise un cadre procédural autre que celui prescrit afin de récolter des preuves.

37. Dans le cadre d'une commission rogatoire, il ressort de l'arrêt *Imbert* (12 juin 1952) que « *porte atteinte aux droits de la défense l'officier de police judiciaire commis rogatoirement qui provoque et intercepte une communication téléphonique entre témoin et un suspect (ultérieurement inculpé) pour inciter ce dernier à faire des aveux [sic]* »[45].

---

[44] DESPORTES Frédéric, « La loyauté dans l'enquête », *op. cit.*, p. 33.

[45] Cass. crim., 12 juin 1952, II, n°7241, *JCP*, note Brouchot, *in* Grands arrêts, précité, p. 201 ; Sirey, 1954, I, 69 ; BOUZAT Pierre, « La loyauté dans la recherche de la preuve », note Brouchot ; crim., 18 mars 1955,

38. Il s'ensuit que l'enregistrement et la photographie réalisés dans le cadre d'une commission rogatoire sous l'autorité du juge d'instruction constituent une violation du principe de la loyauté, rendant inadmissibles les éléments recueillis[46]. Constitue un contournement de la part de l'enquêteur le fait que l'agent public prend une part active dans les stratagèmes entrepris.

39. Plus particulièrement, le truchement ou le contournement du principe de la loyauté probatoire *via* des personnes intermédiaires, aux fins d'obtention d'informations par les fonctionnaires de la police, n'est pas accepté par la cour suprême. La Cour de cassation est encore plus sévère et indique qu'il est prescrit aux agents de l'autorité publique, même indirectement, de recourir à des procédés illicites et déloyaux. Elle considère que la participation de l'agent de l'autorité publique à l'administration de la preuve obtenue de façon déloyale par une partie privée est proscrite[47]. Le contournement de la procédure par des ruses permet aux enquêteurs de s'abstenir de porter atteinte aux garanties légales et conventionnelles.

40. À ce titre, les agents publics ne peuvent pas se prévaloir des éléments obtenus par l'intermédiaire des agents d'un autre État pour provoquer la commission d'une infraction sans pour autant violer le principe de la loyauté de la preuve[48]. En clair, un policier ne peut pas, par le biais d'un

---

JCP, 1955, II, 8909, note Esmein, *in* Problème contemporain de procédure pénale, Mélanges, recueil d'études en hommage à Hugueney Louis, *op. cit.*, p. 164-165.

[46] Cass. crim., 16 décembre 1997, *Bull.*, n°427.

[47] Cass. crim., 20 septembre 2016, requête n°16-80.820.

[48] Cass. crim., 7 février 2007, requête n°06-87.753. La chambre criminelle énonce ce qui suit : « *Porte atteinte au principe de la loyauté des preuves et aux droits à un procès équitable, la provocation à la*

agent de la douane, administrer des preuves sans méconnaître le principe général de la loyauté probatoire.

2) La non-conformité du détournement de la règle de procédure au principe de la loyauté

41. La haute juridiction a apporté des clarifications subtiles sur la notion de détournement de la procédure dans un arrêt d'assemblée de 2019. En l'espèce, le juge d'instruction avait autorisé, sur le fondement des articles 706-96 et 706-102 du CPP, la mise sur écoute de deux personnes gardées à vue. Au cours de leur temps de repos, leurs communications avaient été enregistrées par les enquêteurs. L'assemblée plénière de la haute cour a jugé que l'enregistrement de la communication des gardés à vue pendant leur heure de repos et à leur insu constituait un procédé déloyal qui violait le droit de se taire[49]. Elle a rappelé que de tels stratagèmes portaient atteinte au droit à un procès équitable et au principe de la loyauté. Très concrètement, la cour de céans proscrit le recours à tout type de procédé déloyal. Il est tout à fait utile de mentionner au passage que cet arrêt a été rendu par l'instance solennelle de la Cour de cassation.

42. La Cour énonce ainsi qu'« *une mesure de sonorisation dans un lieu privé peut être autorisée si les nécessités de l'enquête relative à une infraction prévue par les articles 706-73 ou 706-73-1 du Code de procédure pénale l'exigent et hors le cas d'un détournement de procédure ; que l'existence d'un tel détournement s'entend en pareil cas du fait, pour des agents publics, de se placer faussement et à*

---

commission d'une infraction par un agent public, fût-elle réalisée à l'étranger par un agent public étranger, ou par son intermédiaire ; que la déloyauté d'un tel procédé rend irrecevables les éléments de preuve ainsi obtenus (*sic*) ».

[49] Cass. crim., 6 mars 2015, requête n°1484.339.

dessein dans le champ d'application des articles 706-73 et 706-73-1 précités, à seule fin de mettre en œuvre les pouvoirs conférés par les articles 706-96 et 706-96-1 du Code de procédure pénale, dont ils n'auraient pu disposer autrement »[50].

43. Elle ajoute que « *ne suffisent pas à constituer un détournement de procédure, ni l'absence d'implication effective des personnes concernées dans les faits objet de la mesure de sonorisation, une telle implication n'étant pas exigée par la loi, ni le fait que ces personnes aient ultérieurement été mises en examen à raison de faits distincts, révélés par les opérations précitées* »[51].

Le détournement de la procédure est le recours, par les enquêteurs, à des règles d'une autre procédure que celle initialement prévue afin de recueillir des preuves. Sa finalité vise l'obtention de la preuve en l'absence d'application de la disposition initiale. Au surplus, cet arrêt d'assemblée décide, sous le sceau du principe général de la loyauté et au visa de l'article 6 de la Convention EDH et de l'article préliminaire du CPP, que la conjugaison des mesures de garde à vue dans des cellules contiguës et de la sonorisation des locaux participe d'un stratagème constituant un procédé déloyal de recherche des preuves[52].

---

[50] Cass. crim., 18 juin 2019, requête n°19-80.015 ; note François, Lexis 360, *Droit pénal*, n°9, septembre 2019, note Pierre-Jérôme, D., *RSC*, 2019, p. 657 ; note Haritini Matsopoulou, « Preuve - Une restriction importante à l'application du principe de loyauté des preuves », précité, acte 129.

[51] Cass. ass. plén., 18 juin 2019, requête n°19-80.015.

[52] Cass. crim., 7 janvier 2014, requête n°13-85246 ; Cass. ass. plén., 6 mars 2015, requête n°14-84.339 ; Cass. crim., 17 mars 2015, requête n°14-88-351.

3) Analyse juridique conceptuelle de la provocation policière

44. De l'avis de la Cour EDH, il résulte de la jurisprudence *Teixeira* qu'il y a une « *provocation policière lorsque les agents impliqués – membres des forces de l'ordre ou personnes intervenant à leur demande – ne se limitent pas à examiner d'une manière purement passive l'activité délictueuse, mais exercent sur la personne qui en fait l'objet une influence de nature à l'inciter à commettre une infraction qu'autrement elle n'aurait pas commise, pour en rendre possible la constatation, c'est-à-dire en apporter la preuve et la poursuivre* »[53].

45. Il s'ensuit que « *l'intérêt public ne saurait justifier l'utilisation d'éléments recueillis à la suite d'une provocation policière. Un tel procédé est susceptible de priver* ab initio *et définitivement l'accusé d'un procès équitable* »[54]. Cela traduit l'affirmation que la fin ne saurait justifier les moyens.

Il apparaît « *une distinction dénuée de pertinence et non opérationnelle* »[55]. En vertu du principe de la légalité, il est loisible que la provocation soit régulée par le législateur afin de définir nettement les contours de cette mesure spéciale. Cela contribuera au renforcement des droits de la défense.

---

[53] Cour EDH, *Teixeira de Castro c./Portugal*, requête n°25829/94, juin 1998, par. 38 ; *Cour Eurofinacom c./France*, requête n°58753/00 ; CEDH, 2004-VII ; Cour EDH, grande chambre, *Ramanauskas c./Lituanie*, requête n°74420/01, 5 février 2008, par. 55.

[54] Cour EDH, *Teixeira de Castro c./Portugal*, requête n°25829/94, juin 1998, par. 35-36 et 39 ; et *Khoudobine*, par. 128, *Vanianne c./ Russie*, requête n°53203/99, 15 décembre 2005, par. 46-47.

[55] HALARD Guillaume, « Réflexion sur la provocation policière », D., *RSC*, janvier-mars 2018, p. 33-34.

La provocation ne peut constituer « *un acte de procédure* »[56]. Son encadrement ne repose pas sur « *un fondement autonome* »[57]. Ainsi, la provocation à l'infraction est proscrite **(a)**, mais la provocation à la preuve est acceptée **(b)**.

a) L'incompatibilité de la « provocation à l'infraction » au principe de la loyauté

46. La provocation à la commission de l'infraction par un agent par l'intermédiaire d'un autre agent ou d'une personne privée porte atteinte au principe de la loyauté de la preuve[58]. Il importe peu que l'agent public contourne le principe susmentionné par le biais d'un particulier ou d'un autre agent public d'une corporation différente. La rigueur du principe ne varie pas.

La provocation à l'infraction organisée par les agents publics d'un État étranger et dont les résultats sont transmis aux autorités françaises méconnaît le principe de la loyauté probatoire[59].

47. Les arrêts de la Cour se réfèrent à l'article 6 de la Convention EDH et à l'article préliminaire du CPP, dans le cadre du procès équitable. Pour écarter les procédés déloyaux, la Cour vise également l'article 8 de la Convention EDH. À ce propos, les visas fondés sur les droits de la défense et le principe de la loyauté ont été décriés. Le professeur Jean Pradel note qu'il semble inutile de viser simultanément les dispositions susmentionnées,

---

[56] *Idem,* p. 32.

[57] *Idem.*

[58] Cass. crim., 11 mai 2006, *Bull.*, n°132 ; note Yves Monnet, Lextenso, *Gazette du Palais*, n°364, 30 décembre 2006, p. 34.

[59] Cass. crim., 4 juin 2008, requête n°08-81045.

estimant que c'est l'une ou l'autre qu'il faut viser[60]. Les références visées indiquent l'attention particulière accordée au respect des principes protecteurs de la personne mise en cause.

48. Plus encore, il est de jurisprudence constante de la Cour de cassation que « *porte atteinte au principe de la loyauté des preuves et au droit à un procès équitable la provocation à la commission d'une infraction par un agent de l'autorité publique ou par son intermédiaire et que la déloyauté d'un tel procédé rend irrecevables en justice les éléments de preuve ainsi obtenus* »[61]. La provocation à l'administration de la preuve ne peut être déclarée irrecevable et, partant, ne constitue pas une atteinte au principe général de la loyauté. Certaines pratiques policières ne constituent pas des procédés déloyaux.

49. La provocation est-elle légale ? En particulier, est-elle loyale ou déloyale ? Il faut encore relever que la juridiction suprême affirme, dans un arrêt d'assemblée de 2019, que « *constitue une violation du principe de loyauté de la preuve toute provocation à la commission de l'infraction de la part des agents de l'autorité publique* »[62].

---

[60] PRADEL Jean, *Procédure pénale*, *op. cit.*, p. 434.

[61] Cass. crim., 11 mai 2006, requête n°05-84.837 ; D., 2006, *AJ Pénal*, 2006, note Verges ; *RSC*, 2006, 848, R. Finiels, obs. J.-F. Renucci ; *ibid.*, 879, obs. Renucci ; Cass. crim., 7 février 2007, requête n°06-87.53, *Bull. crim.*, 2007, 37, *AJ Pénal*, note Jean Pradel ; *AJ Pénal*, 2007, 233, obs. J. Buisson ; Cass. crim., 4 juin 2008, requête n°08-81.045, D., 2008, 1766, et les obs. ; *AJ Pénal*, 2008, 425, obs. S. Lavric ; *RSC*, 2008, 621, obs. J. Francillon.

[62] Cass. ass. plén., 9 décembre 2019, requête n°18-86.767.

b) La compatibilité de la « provocation à la preuve » au principe de la loyauté

50. La provocation à la preuve est une opération policière visant à constater l'infraction déjà commise afin de recueillir les éléments probants susceptibles de contribuer à la manifestation de la vérité. Il convient de noter que le rôle passif d'un agent public new-yorkais, ayant permis la création d'un site mettant à la disposition des internautes des moyens de commettre des fraudes bancaires, ne constitue pas une provocation à l'infraction[63]. Il s'ensuit que l'absence d'un acte positif de l'agent de l'autorité publique ne constitue pas un procédé déloyal et illicite[64]. En outre, la juridiction suprême estime que l'intervention de l'agent n'a pas déterminé l'infraction, mais « *a seulement pour effet de permettre la constatation d'infractions déjà commises et d'en arrêter la continuation* »[65].

51. La police avait agi sans provocation, dans le but de constater un délit et d'en réunir les preuves[66]. Le rôle passif des enquêteurs ayant conduit à la production de la preuve ne constitue pas un procédé déloyal[67]. L'absence de stratagème des enquêteurs, dont la transcription a été discutée par les parties, est recevable.

52. La participation directe ou indirecte de l'agent de l'autorité publique à l'obtention d'enregistrements par une personne privée constitue un procédé déloyal[68]. *A*

[63] Cass. crim., 30 avril 2014, requête n°13-88.162 ; JurisData, n°2014, *Bull.*, 119.

[64] Cass. crim.,14 avril 2015, requête n°14-87.914.

[65] Cass. crim., 2 mars 1971, requête n°70-91.810.

[66] Cass. crim., 22 avril 1992, *Bull.*, n°153.

[67] Cass. crim., 22 avril 1992, requête n°90-85.125.

[68] Cass. crim., 20 sept. 2016, requête n°16-80.820.

contrario, a été déduite « *l'absence de participation directe ou indirecte de l'autorité publique à l'obtention des enregistrements litigieux, ce dont il résultait que le principe de la loyauté de la preuve* »[69] n'avait pas pu être méconnu. La déloyauté de la preuve implique que l'agent public joue un rôle actif dans la commission de l'infraction[70]. *In concreto*, le rôle passif de l'agent public dans la provocation à la preuve est admis[71]. La Cour décide que les stratagèmes employés par un agent public pour la constatation de l'infraction ou l'identification ne constituent pas en soi une atteinte au principe de la loyauté de la preuve[72]. De plus, les preuves résultant de l'enregistrement, dont l'exploitation des conversations téléphoniques passées clandestinement à partir de son lieu de détention, ont été obtenues sans « *actes positifs de l'autorité publique* »[73].

53. La provocation à la preuve de l'infraction par le fonctionnaire de police est admise par la jurisprudence[74]. L'exigence éthique et juridique du principe général de la loyauté s'applique *in concreto* aux agents publics. Par principe, la Cour établit une distinction entre la provocation à la preuve de l'infraction et la provocation à la commission de l'infraction. Ainsi, elle valide la pratique visant la provocation à la preuve. En particulier, le rôle passif des

---

[69] Cass. crim., 10 novembre 2017, requête n°17-82.028.

[70] REDON Michel, « Principes relatifs à l'admission des preuves à l'audience », *RDPP*, D., juin 2017, par. 285.

[71] Cass. crim., 22 avril 1992, requête n°90-85.12.

[72] Cass. ass. plén., 9 décembre 2019, requête n°18-86.767.

[73] Cass. crim., 14 avril 2015, requête n°14-87.914 ; Cass. crim., 14 avril 2015, requête n°14-88.054.

[74] Conseil constitutionnel, décision n°2011-191/194/195/196/197, QPC du 18 novembre 2011, considérant 30 ; décision n°2021-817 DC, 20 mai 2021, considérant 118.

enquêteurs qui ont laissé faire l'événement est exclusif de toute provocation à l'infraction[75]. Mais, cette distinction semble difficile à mettre en œuvre[76].

54. La substitution de la victime à l'enquêteur ordonnée par le procureur permet la communication entre la personne mise en cause et l'enquêteur qui s'est présenté sous un pseudonyme[77]. L'arrêt d'assemblée de 2019 précise que « *le stratagème employé par un agent de l'autorité publique pour la constatation d'une infraction ou l'identification de ses auteurs ne constitue pas en soi une atteinte au principe de loyauté de la preuve* »[78].

§3. La loyauté comme condition supplémentaire au principe de la liberté de la preuve

55. Il résulte très clairement de l'article 427 du CPP qu'« *hors les cas où la loi en dispose autrement, les infractions peuvent être établies par tout mode de preuve et [que] le juge décide d'après son intime conviction. Le juge ne peut fonder sa décision que sur les preuves qui lui sont apportées au cours des débats et contradictoirement discutées devant lui* ».

56. En clair, le principe de la liberté probatoire est consacré par l'article 427 du CPP, et le second par son article 81[79]. Cependant, toute liberté emporte un risque

---

[75] Cass. crim., 22 avril 1992, *Bull.*, n°169.

[76] GUÉRY Christian, « Loyauté de la preuve », D. Action, Droit pratique de l'instruction préparatoire, 2022-2023, par. 552.21.

[77] Cass. crim., 11 juillet 2017, requête n°17-80.313.

[78] Cass. ass. plén., 9 décembre 2019, requête n°18-86.767, p. 34.

[79] CPP, article 81 : « *Le juge d'instruction procède conformément à la loi à tous les actes d'information qu'il juge utiles à la manifestation de la vérité […].* »

d'abus[80]. Or, il ne fait aucun doute que la liberté a des limites objectives. La production de la preuve doit respecter les règles du jeu établies par la loi. Cette liberté dans la production de la preuve est encadrée par la loi elle-même ainsi que par le juge pénal national et le juge conventionnel, afin d'éviter toute dérive préjudiciable de nature *ultra vires* visant à saper la saine administration judiciaire. Plus précisément, le principe de la liberté probatoire a une portée très relative. En effet, la loi elle-même fixe les limites : « *hors les cas où la loi en dispose autrement* », « *l'intime conviction* »[81] du juge, le principe du contradictoire ainsi que le principe de la loyauté de la preuve.

57. La cohabitation entre le principe de la liberté et le principe de la loyauté est sans nul doute une réalité. La recherche de la preuve est assujettie à la liberté de la preuve. Il incombe aux enquêteurs d'établir l'équilibre entre les différents principes dans l'administration de la preuve nécessaire à la manifestation de la vérité.

58. Il apparaît des restrictions supplémentaires au principe de la liberté probatoire explicitement reconnu par le CPP, en l'occurrence, le principe de la légalité. Il faut ajouter également le principe de la loyauté prescrit aux acteurs institutionnels du procès pénal dans l'administration de la preuve pénale.

59. Il importe de préciser que le principe de la loyauté et celui de la liberté apparaissent comme deux principes contradictoires. En effet, le principe de la loyauté constitue

---

[80] BOURSIER Marie-Emma, *Le principe de loyauté en droit processuel*, *op. cit.*, p. 84.

[81] L'intime conviction du juge est rappelée à l'article 353 du CPP. Les juges fondent leurs décisions non pas uniquement sur les preuves apportées par les parties, mais sur leurs convictions au regard de l'ensemble des moyens discutés contradictoirement devant eux.

une condition supplémentaire d'application du premier prescrit à l'agent de l'autorité publique. Ce critère érige la loyauté au rang de règle de droit autonome à valeur juridique, dont la violation est susceptible d'entraîner des sanctions spécifiques, à tel point que l'on voit la loyauté, qui a fait son irruption dans le droit, déployer sa suprématie sur le principe de la liberté. Pour le suspect, le prévenu ou l'accusé, la loyauté apparaît comme « *l'ultime moyen d'échapper à la preuve* »[82] et à l'incarcération.

[82] DE COMBLES DE NAYVES Pierre, « À la recherche de la loyauté », D., *AJ Pénal*, n°3, mars 2016, p. 115.

SECTION 2. LES LIMITATIONS JURISPRUDENTIELLES AU PRINCIPE DE LA LOYAUTÉ PROBATOIRE

La loyauté dans l'administration de la preuve pénale s'impose essentiellement aux agents de l'autorité publique. Il convient de s'attacher aux limitations concernant les parties **(§1)**. Au regard du principe de la liberté des preuves, elles peuvent les obtenir par tous les moyens (des ruses, des stratagèmes et des tromperies). De telles preuves demeurent recevables mais contradictoirement discutables **(§2)**.

§1. Les personnes privées exonérées du respect de la loyauté probatoire

60. En matière civile, l'assemblée plénière de la Cour de cassation a jugé que « *l'enregistrement d'une communication téléphonique réalisé à l'insu de l'auteur des propos tenus constitue un procédé déloyal rendant irrecevable sa production à titre de preuve* »[83]. Les personnes privées bénéficient d'une protection particulière quant aux exigences du principe général de la loyauté probatoire. L'admission des indices de preuve s'opère – *in favorem* des particuliers – sur le fondement de l'article 427 du CPP, relatif au principe de la liberté de la preuve.

61. *Quid* du sort de l'infraction qui a permis aux particuliers d'obtenir illicitement et déloyalement des indices de preuve[84] ? La *ratio decidendi* d'exonération des personnes privées est-elle conforme à la lettre et à l'esprit des libertés

---

[83] Cass. civ. 2e, 7 octobre 2004, requête n°03-12.653.

[84] GERON Olivier, « L'appréciation du principe de la loyauté de la preuve en matière sociale vue sur le plan pénal », *in* La loyauté de la preuve en matière civile, commerciale, pénale et administrative, colloque précité, p. 60.

fondamentales[85] ? Dans l'affirmative, la responsabilité du particulier peut être engagée au motif qu'il a commis une

[85] La *ratio decidendi* de l'exonération au principe de la loyauté probatoire quant aux personnes privées. Les tempéraments *in favorem* des personnes privées reposent fondamentalement sur les libertés individuelles, notamment sur l'équité du procès. *Primo,* une justification par des textes internes et conventionnels peut être relevée sur le fondement de l'article 427, l'article préliminaire du CPP et l'ensemble des articles 6 et 8 de la Conv. EDH. La liberté de la preuve est consacrée par l'article 427 du CPP. En application de cette disposition, la chambre criminelle autorise les personnes privées à produire des indices de preuve, peu importe leur caractère douteux (déloyal et illicite). En outre, la Cour a rappelé qu'aucune disposition n'autorise le juge répressif à écarter les indices de preuve produits par les particuliers. L'article préliminaire du CPP et les articles 6 et 8 de la Conv. EDH portent sur les garanties des libertés fondamentales. Ainsi, l'article préliminaire et l'article 6 de la Conv. EDH déclinent les garanties d'un procès équitable. À ce propos, il ressort de manière constante de la jurisprudence de la Cour de cassation la sauvegarde des garanties dont bénéficient légalement et conventionnellement les personnes privées. Il faut ainsi noter qu'une justification sur l'équité du procès atteste de cette exemption de la non-application du principe général de la loyauté aux personnes privées. En outre, le principe général de la loyauté des preuves a été justifié au nom de l'intérêt des droits de la défense. Dans l'arrêt rendu par la chambre criminelle le 31 janvier 2007 (*Bull.*, n°27), une justification supplémentaire a été avancée au nom des besoins de l'enquête ou encore pour les besoins de la défense. S'agissant de l'article 8 de la Conv. EDH sur le droit à la vie privée et familiale, il est proscrit, sous réserve expresse de la loi, l'interférence des agents publics dans la vie privée et familiale des personnes. Le principe général de la loyauté semble justifié par certaines garanties, plus spécifiquement les libertés fondamentales.

Les raisons tenant aux articles 6 et 8 de la Conv. EDH portant sur la sauvegarde des droits fondamentaux. *Secundo,* les raisons d'ordre procédural demeurent souvent avancées par les arrêts de la Cour de

infraction ayant permis l'obtention d'indices de preuve. La réponse à cette interrogation demeure en suspens, étant donné que la Cour ne s'est pas prononcée. Une réponse peut se lire dans le but du principe qui est la sauvegarde des droits de la défense. Si l'infraction est de faible degré, elle peut faire l'objet d'une exonération. Du point de vue juridique, l'infraction demeure punissable. Rien n'interdit au ministère public de déclencher contre l'auteur des actions pénales pour avoir frauduleusement recouru à un délit afin d'obtenir des indices de preuve. Cela dépendra de l'audace de l'accusation. Il en est de même pour une action civile lorsqu'une autre personne ou l'accusé a subi des préjudices. De l'avis de la doctrine, l'infraction peut subir un sort différent devant les mêmes juridictions pénales.

62. L'exclusion des particuliers du respect du principe de la loyauté probatoire en matière pénale paraît d'ailleurs légale et légitime eu égard aux ressources financières et matérielles dont disposent les personnes privées par rapport aux autorités poursuivantes. En outre, aucune des personnes privées ne prête serment. Nulle exigence de loyauté ne leur est explicitement prescrite. La jurisprudence pose une condition supplémentaire qui n'exige « *aucune intervention, directe ou indirecte, d'une autorité publique* »[86]. Aucune confusion n'est possible ; aucun

---

cassation. Les éléments d'information apportés par les particuliers au moyen d'une infraction ne constituent pas des actes de procédure, au sens des articles 170 et 171 du CPP, susceptibles d'annulation en vertu de l'article 802 du CPP (Cass. crim., 28 avril 1987, *Bull.*, n°173, note Desportes Frédéric et Lazerges-Cousquer Laurence, *Traité de procédure pénale*, *op. cit.*, p. 448). Des arrêts de la Cour de cassation confirment cette justification. En ce qui concerne la raison du contrôle exercé par le juge conventionnel, il importe de ne pas perdre de vue qu'il lui appartient de s'assurer du respect des libertés fondamentales conventionnellement garanties.

[86] Cass. crim., 31 janvier 2012, requête n°11-85.464.

doute ne doit être permis[87] **(A)**. En outre, les procédés de « testing » sont recevables **(B)**.

A) La protection *in favorem* des personnes privées au mépris de la loyauté

63. *Quid* des personnes privées ? Le juge répressif a autorisé, selon certains précédents, les particuliers à produire des éléments d'information obtenus de manière illégale ou déloyale dans le cadre spécifique des droits de la défense. Eu égard à ce qui précède, il est nécessaire de passer au crible les parties exonérées de l'application du principe de la loyauté probatoire en matière pénale, notamment l'accusé (**1**), la partie civile (**2**) et le témoin (**3**).

1) L'accusé exonéré du respect du principe de la loyauté probatoire

64. Il convient de rappeler que les exigences de loyauté ne s'appliquent pas à l'accusé. Il n'est pas assujetti au serment dans lequel figure l'exigence de loyauté. Il peut recourir à tout moyen pour établir la preuve nécessaire à la manifestation de la vérité, et cela, y compris par des procédés déloyaux et illicites. Ce fut le cas d'un accusé dans un cadre prud'homal, qui a eu recours au vol d'un document pour assurer sa défense[88]. Par principe, cette solution est admise par la chambre criminelle de la Cour de cassation.

65. Ce raisonnement de la chambre criminelle est suivi par la chambre sociale de la Cour de cassation. En effet, celle-ci a reconnu qu'un salarié peut se prévaloir des documents

---

[87] CORDIER François, « L'autorité publique ne peut ni directement ni indirectement participer à l'obtention illicite de la preuve par une partie privée », D., *RSC*, 2016, p. 797.

[88] Cass. crim., 27 janvier 2010, requête n°09-83.395 ; Cass. crim., 11 juin 2002, requête n°16-80-820.

de l'entreprise dont il a connaissance afin d'assurer sa défense[89]. *A contrario,* la divergence de jurisprudence au sein de la Cour, plus précisément entre les différentes chambres, demeure perceptible au motif que les règles qui gouvernent l'administration des preuves en matière pénale, civile et commerciale ne sont pas analogues.

L'accusé peut recourir à des stratagèmes, des artifices ou des ruses afin d'assurer sa défense. Les éléments ainsi rapportés par ces biais demeurent recevables dans le cadre de l'administration de la preuve dans le procès pénal. Il incombe au ministère public d'apporter des contre-arguments à cet égard.

2) La partie civile exonérée du respect du principe de la loyauté probatoire

66. Dans une formule magistrale prise au visa de l'article 427 et de l'article préliminaire du CPP, notamment, la haute cour de céans affirme qu'« *en effet, aucune disposition légale ne permet aux juges répressifs d'écarter les moyens de preuve produits par les parties au seul motif qu'ils auraient été obtenus de façon illicite ou déloyale, en application de l'article 427 du Code de procédure pénale. Il leur appartient seulement d'en apprécier la valeur probante* »[90]. Autrement dit, la production des éléments de preuve au moyen d'une infraction par les personnes privées demeure admissible au soutien de leurs arguments, sous le

---

[89] Cass. soc., 2 décembre 1998, requête n°96-44.258.

[90] Cass. crim., 15 juin 1993, 92-82.509 ; Cass. crim., 6 avril 1994, requête n°93-82.717 ; Cass. crim., 11 juin 2002, requête n°01-85.559 ; Cass. crim., 12 juin 2003, requête n°02-81.122 ; note Jean-François Renucci, *RSC*, 2007, p. 895 ; Cass. crim., 27 janvier 2010, note Jérôme Lasserre Capdeville, « La preuve fournie par les parties privées : confirmation de la tolérance quant au principe de loyauté », D., *AJ Pénal*, 2010, p. 280 ; Cass. crim., 20 septembre 2016, requête n°16-80-820, François Cordier, *RSC*, 2016, p. 797.

contrôle du juge pénal. Il s'agit d'une solution constante dont bénéficient les personnes privées.

67. Dans le même sillage, en application de l'article 427 du CPP, les indices obtenus de façon illicite ou déloyale par les particuliers, et remis aux enquêteurs, ne peuvent pas être écartés. À l'instar des juges d'instruction, les juges répressifs ne sont pas habilités à écarter des éléments produits par les parties au moyen d'une infraction. Pour l'essentiel, cette solution s'applique aux magistrats et aux enquêteurs de la police et de la gendarmerie.

68. À l'inverse, certains procédés déloyaux de production de preuves par les personnes privées ne sont pas admis devant la deuxième chambre civile. Elle considère que l'enregistrement d'une conversation téléphonique privée, effectué et conservé à l'insu de l'individu ayant tenu ces propos, est un procédé déloyal rendant irrecevable en justice la preuve ainsi obtenue[91]. L'assemblée plénière a tranché en faveur de la solution retenue par la chambre criminelle : en l'occurrence, les enregistrements obtenus de manière déloyale et illicite ne doivent pas être écartés des débats[92].

69. La victime d'une infraction peut-elle se prévaloir d'une preuve obtenue à l'insu de la personne mise en examen ? Les moyens de preuve produits sont recevables sous réserve

---

[91] Cass. civ. 2e, 7 octobre 2004, requête n°03-12.653. En outre, le principe directeur du procès civil, l'article 9, prescrit l'assistance à la justice dans l'administration de la preuve. Il est significatif de noter que le principe général de la loyauté n'a pas les mêmes teneurs en matière civile et pénale. Les domaines ne sont pas gouvernés par les mêmes règles. Devant les juridictions civiles, les preuves obtenues par des moyens déloyaux sont frappées d'irrecevabilité.

[92] Cass. ass. plén., 7 janvier 2011, requête n°09-14.316 ; Cass. ass. plén., 7 janvier 2011, requête n°09-14.667.

des exigences de la contradiction[93]. La production de la preuve entre les personnes privées est exemptée du principe général de la loyauté probatoire. Le garant de la loi pénale qu'est la chambre criminelle conclut que la victime peut, par des stratagèmes, produire l'enregistrement d'un témoin accablant contre le prévenu dans le but d'assurer sa défense[94].

3) Le témoin exonéré du respect du principe de la loyauté probatoire

70. Dans l'arrêt rendu en 1999, la chambre criminelle admet que le juge d'instruction ne peut refuser de joindre au dossier de la procédure des documents ou des enregistrements obtenus par des procédés déloyaux[95]. Au passage, les éléments douteux apportés par les parties à l'appui de leur défense ne constituent pas de véritables preuves, mais « *des moyens de preuve* »[96]. Ce privilège accordé à un témoin dans la production de la preuve s'insère dans le cadre général de la protection dont bénéficient les particuliers (les témoins et les victimes) dans

---

[93] Cass. crim., 23 juillet 1992, requête n°92-82.72 ; Crim., n°2174, D., 1993, somm. 206, obs. Pradel Jean ; Crim., 6 avril 1993, *JCP*, 1993, II, 22144, note Rassat, *in* Grands arrêts, *op. cit.*, p. 219.

[94] Cass. crim., 13 juin 2001, requête n°00-85.580 ; Cass. crim., 31 janvier 2007, requête n°06-82.383.

[95] Cass. crim., 30 mars 1999, requête n°97-83464. Il résulte de cet arrêt qu'« *en effet, la circonstance que les documents ou les enregistrements remis par une partie ou un témoin aient été obtenus par des procédés déloyaux ne permet pas au juge d'instruction de refuser de les joindre à la procédure, dès lors qu'ils ne constituent que des moyens de preuve qui peuvent être discutés contradictoirement ; que la transcription de ces enregistrements, qui a pour seul objet d'en matérialiser le contenu, ne peut davantage donner lieu à l'annulation [sic]* ».

[96] Cass. crim., 30 mars 1999, requête n°97-83464.

l'administration de la preuve pénale, conformément à l'esprit du principe susvisé.

71. À titre de constat supplémentaire, les éléments apportés par les témoins qui violent les dispositions légales constituent des moyens de preuve. En outre, ceux apportés par l'accusé et la partie civile sont considérés comme des indices de preuve. La haute cour opère-t-elle un jeu d'expressions ou encore une confusion ? S'agit-il de synonymes d'expressions ? Ce faisant, les indices, les moyens et les faisceaux de preuve ne constituent pas véritablement des preuves au sens procédural, conformément aux dispositions pertinentes du CPP. Cette qualification des actes déloyaux, illicites et illégaux ainsi apportés par les personnes privées relativise incontestablement le bénéfice du principe général de la loyauté de la preuve pour les personnes susmentionnées.

B) L'opération dite de « testing »

72. Le recours à ce procédé ne porte-t-il pas atteinte au droit à un procès équitable ? N'offre-t-il pas au procureur de la République la faculté de provoquer l'infraction ? Le caractère déloyal du « testing » est couvert par l'article 225-3-1 du Code pénal. En tout état de cause, cette technique de recherche de la preuve est dangereuse.

73. S'agissant du « testing », une cour d'appel juge que ce procédé est illicite. Selon elle, ce procédé n'offre « *aucune transparence* », ne respecte pas « la loyauté nécessaire dans la recherche des preuves et porte atteinte aux droits de la défense ainsi qu'au droit à un procès équitable»[97].

74. *A contrario*, la Cour de cassation considère qu'« *aucune disposition légale ne permet aux juges répressifs d'écarter les moyens de preuve produits par les parties au seul motif qu'ils auraient été obtenus de façon illicite ou déloyale ;*

[97] Cour d'appel de Montpellier, Chambre correctionnelle, n°869.

qu'il leur appartient seulement, en application du texte susvisé, d'en apprécier la valeur probante après les avoir soumis à la discussion contradictoire »[98]. À l'inverse, la chambre criminelle affirme qu'il n'est pas porté atteinte aux droits de la défense et qu'« *il n'y a pas lieu de renvoyer au Conseil constitutionnel la question prioritaire de constitutionnalité* »[99].

75. De l'avis de la doctrine, la Cour de cassation a validé le « testing ». La chambre criminelle est en parfaite harmonie avec la tendance qui « *caractérise le déclin* »[100] de la loyauté probatoire. Cette mesure n'est pas admise par des auteurs qui soutiennent que « *la fin ne doit pas justifier le moyen* » et qu'en acceptant le recours à cette technique, « *les débordements sont à craindre ; il est certainement préférable de ne pas trop jouer avec le feu, surtout dans le domaine des libertés individuelles, et surtout de ne pas oublier que l'enfer est souvent pavé de bonnes intentions* »[101]. Le « testing » peut être considéré comme « *de la provocation parce que vous montrez à l'évidence des personnes dont on sait qu'elles vont être refoulées* »[102].

---

[98] Cass. crim., 11 juin 2002, requête n°01-85.559 ; note Renucci Jean-François, *RSC*, 2002, p. 879.

[99] Cass. crim., 4 février 2015, requête n°14-90.048.

[100] MOLINA E., « Réflexion critique sur l'évolution paradoxale de la liberté de la preuve des infractions en droit français contemporain », 2002, p. 263 et s., cité par RENUCCI Jean-François, « Loyauté des preuves et le procédé dit "testing" », D., *RSC*, 2002, p. 879.

[101] RENUCCI Jean-François, *ibid.*

[102] BOULOC Bernard, « La preuve en matière pénale », *in* PUIGELIER Catherine (dir.), La preuve, Collection « Études Juridiques », Economica, 2004, p. 53.

S'agissant des modes de preuve déloyaux, une telle généralisation n'est pas souhaitable[103].

§2. La neutralisation du principe de la loyauté *via* la contradiction

76. Les indices de preuve apportés par les personnes privées demeurent recevables dans l'administration de la preuve pénale. Il faut nuancer la réception de la preuve. Elle est rigoureusement encadrée. Les éléments doivent impérativement être discutés au cours des débats contradictoires. Cette condition a été rappelée par la Cour : il appartient aux juges répressifs seulement, en application de l'article 427 du CPP, d'en apprécier la valeur probante[104]. Il semble que cela ne soit pas en contradiction avec l'article préliminaire du CPP, qui érige le principe du contradictoire au premier chef des principes fondamentaux, dans la mesure où la « *procédure pénale doit être équitable et contradictoire* »[105].

À la vérité, le jeu combiné de l'article préliminaire et de l'article 427 du CPP décline au premier rang l'affirmation et la réaffirmation du principe du contradictoire. Il est donc significatif que ce principe supérieur au surplus, cardinal de tout procès, recouvre une autorité suprême sur le principe de la loyauté. Dans le rééquilibrage des droits, l'exclusion des personnes physiques des exigences éthiques et juridiques de la loyauté probatoire ne saurait en aucune manière altérer les garanties susmentionnées.

---

[103] PERRIER Jean-Baptiste, « *Fair-play* de la justice pénale », D., *AJ Pénal*, 2017, p. 436.

[104] Cass. crim., 30 mars 1999, requête n°97-83.464 ; Cass. crim., 11 juin 2002, requête n°01-85.559 ; Cass. crim., 30 mars 1999, requête n°97-83.464.

[105] CPP, article préliminaire, alinéa 1.

77. En tout état de cause et en soi, il n'est pas inéquitable d'autoriser les personnes privées à faire usage des preuves laborieusement obtenues de manière déloyale, dans l'optique où l'accusation peut mettre en doute les éléments produits au cours des débats. En conséquence, l'équité du procès pénal et particulièrement l'équilibre des armes commandent *a fortiori* que les éléments à charge et/ou à décharge doivent être compatibles avec la lettre et l'esprit du principe général de la liberté probatoire et de celui du contradictoire. L'interprétation prétorienne de la haute chambre criminelle de céans exige nettement l'application *ad nutum* du principe de la liberté de la preuve pour la production des preuves par les personnes privées.

Dans ce rééquilibrage des forces en présence et au regard des exigences éthiques et juridiques, la Cour de cassation exclut l'application du principe de la loyauté probatoire. En conséquence, les indices de preuve administrés de manière illégale, illicite et déloyale par les personnes privées ne peuvent nullement échapper, bien entendu, au principe suprême du contradictoire. Ce principe, d'ailleurs, s'impose aux magistrats et à toutes les parties au procès. La Cour prescrit *in globo* le respect *stricto sensu* du principe du contradictoire, lequel est juridiquement indérogeable dans tout procès, en particulier, un procès pénal.

78. À l'analyse, la contradiction s'applique exclusivement à tous les actes produits par les autorités publiques, la personne mise en cause et la victime. Le respect de la contradiction ne permet pas « *d'effacer le caractère initialement déloyal du procédé de la preuve* »[106]. Faire

---

[106] ASCENSI Lionel, « Retour sur le principe de la loyauté de la preuve », D., *AJ Pénal*, 07 mars 2012, p. 346.

jouer à ce principe un rôle de régularisation de l'origine frauduleuse de la preuve paraît discutable[107].

Les débats contradictoires devraient-ils porter sur le bien-fondé de la preuve ou sur sa production douteuse ? Si la Cour exige que les indices de preuve obtenus de manière déloyale par une personne privée soient soumis aux débats contradictoires, elle ne détermine pas l'étendue des discussions. Toutefois, la loyauté ne se divise pas[108]. Or, l'unique problème de la preuve illicite ou déloyale est bien sa recevabilité[109]. À la vérité, le principe du contradictoire vient « *purger le vice de déloyauté* »[110] afin d'assainir la phase préparatoire du procès, nécessaire à l'administration saine de la justice.

---

[107] Sur la légalité, voir GARÉ Thierry, « L'admission de la preuve illégale : la chambre criminelle signe et persiste », D., 2000, p. 391.

[108] *Ibid.*

[109] CONTE Philippe, « La loyauté de la preuve dans la jurisprudence de la Cour de cassation : vers la solution de quadrature du cercle », Lexis 360, *Droit pénal*, n°4, avril 2009.

[110] LASSERRE CAPDEVILLE Jérôme, « La preuve fournie par les parties privées : confirmation de la tolérance quant au principe de loyauté », précité, p. 281.

CHAPITRE II

LA LOYAUTÉ PROBATOIRE : UNE CONSÉCRATION NORMATIVE INCERTAINE

79. *Quid* de la légalité de la preuve ? Il est légitime de s'interroger sur la distinction entre la déloyauté, l'illégalité et l'irrégularité[111]. Les termes « licite » et « loyal » apparaissent dans des arrêts de la Cour de cassation. Ils ont pour antonymes les termes « illicite » et « déloyal ».

80. La Cour de cassation rappelle que certaines pratiques demeurent de nature déloyale et illicite. En tout état de cause, la frontière entre les termes demeure floue[112]. Les deux termes apparaissent de manière constante dans la jurisprudence de la Cour. Au regard de la consécration lacunaire du principe de la loyauté, il importe ainsi de retenir l'acte illicite et déloyal. Ainsi, convient-il d'associer les deux mots qui apparaissent constamment dans la jurisprudence de la Cour ? Toutefois, l'utilisation du terme « illicite » ou « illégal » ne semble pas privilégiée en ce qui concerne l'autorité publique[113]. À l'inverse, le recours par les parties à des armes déloyales apparaît illégal, mais admissible[114]. En dernière hypothèse, la frontière entre l'illégalité et l'illicéité est *in fine* délicate à distinguer. Il s'ensuit que la licéité semble couvrir la loyauté, mais que la

---

[111] DÉCIMA Olivier, « La loyauté de la preuve et ses composantes », D., 2018, p. 103.

[112] CONTE Philippe, « La loyauté de la preuve en procédure pénale : fragile essai de synthèse », *in* La loyauté de la preuve en matière civile, commerciale, pénale et administrative, colloque précité, p. 23.

[113] BOCCON-GIBOD Didier, « Sur la loyauté de la preuve pénale », *op. cit.*, p. 284.

[114] *Ibid.*, p. 283.

loyauté est une condition de la licéité[115]. De même, la loyauté apparaît comme un complément de la légalité[116]. L'administration de la preuve est rigoureusement encadrée. La preuve peut être obtenue de façon licite et légale, mais pas loyalement ; c'est-à-dire que les régimes spéciaux de l'administration de la preuve et l'autorité du juge d'instruction permettent d'ordonner des écoutes téléphoniques. La Cour n'a pas clairement défini les paramètres entre l'acte déloyal et l'acte illicite. À propos de ces deux notions, la confusion demeure, car les frontières ne sont pas artificielles, étant donné que les avis doctrinaux demeurent divergents. La précision prétorienne serait la bienvenue. Du reste, les agents publics doivent observer les principes de la légalité et de la loyauté des preuves.

81. D'emblée, il importe de rappeler que ni le CPP ni la Convention EDH n'ont expressément consacré le principe général de la loyauté probatoire. *A contrario,* il faut aussi garder à l'esprit que les textes susvisés ne proscrivent pas non plus le fameux principe. La reconnaissance de la loyauté de la preuve est claire et sans aucune ambiguïté en droit positif. La méconnaissance de ce principe général par les autorités publiques chargées de la recherche de la preuve occasionne une censure par le juge pénal.

82. Le législateur n'a pas confirmé le principe de la loyauté de la preuve. Sa réaction connaît une lenteur à ce jour en droit interne. Certes, une série de techniques d'enquête permet à la loi d'éclipser le principe de la loyauté probatoire **(Section 1)**. De surcroît, les mérites de la loyauté de la preuve dans l'équilibre des droits de l'accusé et de

---

[115] PERRIER Jean-Baptiste, « Le *fair-play* de la preuve pénale », précité, p. 436-437.

[116] DEGOUVILLE LE MONNIER Pauline, « Loyauté des preuves et identification du stratagème déloyal », Lexbase, n°710, 7 septembre 2017, p. 2 et s.

l'accusation s'inscrivent aussi dans la ligne directrice de la Convention EDH **(Section 2)**.

SECTION 1. LE PÉRIMÈTRE LÉGALEMENT LIMITÉ DU PRINCIPE DE LA LOYAUTÉ PROBATOIRE

83. Comme analysé *supra*, le principe de la loyauté est paramétré par une série de limitations jurisprudentielles. Elles semblent justifiées au regard des impératifs juridiques. Outre ces limitations, le législateur a prévu des restrictions explicites faisant prévaloir l'hégémonie de la légalité sur le principe général de la loyauté **(§1)**. S'il est légitime de noter que le principe de la loyauté probatoire en matière pénale joue un rôle central de moralisation dans l'administration de la preuve pénale, les sentinelles de ce principe font valoir des arguments qui méritent considération. En revanche, la doctrine majoritaire s'oppose radicalement à ce principe **(§2)**.

§1. La suprématie inéluctable de la légalité sur le principe de la loyauté probatoire

84. En l'état actuel, la loi autorise des actes d'enquête spéciale sans requérir l'avis de l'accusé, et à son insu pour les nécessités de l'enquête. Les techniques sont largement fournies dans la recherche de la preuve en matière pénale. Dans certaines circonstances, la légalité l'emporte sur la loyauté[117]. Les particuliers ne peuvent se prévaloir d'un moyen tiré de la violation du principe de la loyauté concernant les illustrations ultérieures. Il est opportun de passer au tamis les pratiques autorisées afin de démontrer les limites normatives au principe de la loyauté dans la

[117] BOCCON-GIBOD Didier, « Sur la loyauté de la preuve pénale », *op. cit.*, 2016, p. 278.

recherche de la vérité **(A)**. Toutefois, le principe de la loyauté manque de consécration explicite en matière pénale **(B)**.

A) Les pratiques autorisées pour les nécessités de l'enquête, mais contraires à la loyauté

85. *In globo,* le législateur autorise certaines pratiques dérogatoires au principe de la loyauté probatoire en matière pénale. Pour faire simple, certaines techniques d'enquête spéciale sont dépourvues de loyauté à l'égard de la personne mise en cause. Ces pratiques sont indifférentes au principe de la loyauté, mais légales. Elles expriment la primauté de la légalité sur la loyauté et répondent aux nécessités de l'enquête.

86. Le caractère déloyal des enquêtes spéciales est couvert par la loi. Partant, les enquêtes susmentionnées dérogent au principe de la loyauté. Si les techniques d'enquête spéciale sont consacrées pour la manifestation de la vérité, leurs valeurs probantes dépendent de l'appréciation des juges du fond. Il faut noter qu'elles s'opèrent exclusivement à l'insu de l'accusé et sans son consentement. En soi, les mesures techniques de recherche de la preuve ont un caractère coercitif.

87. Plus particulièrement, pour les nécessités de l'enquête aux fins de la découverte de la vérité, les acteurs institutionnels du procès pénal peuvent recourir aux techniques de la science pour établir la preuve dans le respect de la légalité, sans empiéter sur le principe de la loyauté. Les moyens utilisés sont la géolocalisation **(1)**, l'infiltration **(2)**, la sonorisation **(3)**, la captation des données informatiques **(4)**, la captation des images sans l'autorisation de la personne **(5)**, l'enregistrement dans les espaces publics **(6)** et la surveillance en droit pénal **(7)**.

1) La géolocalisation

88. *De jure,* la géolocalisation est une technique spéciale qui permet aux enquêteurs de localiser une personne sur le territoire national. Depuis la loi n°2014-373 du 28 mars 2014, cette opération est consacrée aux articles 230-28 et 230-44 du CPP. Elle s'opère « *à l'insu et sans le consentement* »[118] de la personne recherchée. L'infraction doit constituer un délit ou un crime. La Cour de cassation estime que cette mesure doit être placée sous le contrôle du juge.

89. Dans le cadre d'une enquête de flagrance et d'une enquête préliminaire, la géolocalisation peut être autorisée par le procureur de la République pour une durée de 15 jours consécutifs[119]. Pour les infractions visées aux articles 706-73 et 706-73-1 du CPP, elle peut être autorisée par le juge des libertés et de la détention (JLD)[120] et le juge d'instruction[121]. *De novo*, la géolocalisation est une mesure restrictive à la loyauté de la preuve[122]. Elle doit répondre aux exigences de prévisibilité, d'accessibilité et de proportionnalité.

2) L'infiltration

90. Il est particulièrement important de préciser que l'infiltration est une opération qui permet à un officier ou à un agent de police judiciaire de surveiller (action passive) une personne, sous le contrôle d'un magistrat, afin d'éviter la commission d'une infraction. Pour les nécessités d'une enquête, après avis du procureur de la République, le juge

---

[118] CPPI, article 230-32.

[119] CPPI, article 230-32 1°.

[120] CPPI, article 230-32 1°.

[121] CPPI, article 230-32 2°.

[122] Cass. crim., 20 décembre 2017, requête n°17-82.435.

d'instruction peut autoriser une opération d'infiltration[123]. Il faut souligner que les conditions de l'opération sont rigoureusement définies. À peine de nullité, l'opération doit être délivrée par écrit, spécialement motivée[124] et assortie d'un délai[125].

91. L'infiltration permet à l'agent ou à l'officier de police, sous le contrôle des magistrats, d'emprunter une identité et d'agir de concert avec les coauteurs, les complices ou les receleurs. L'opération d'infiltration consiste « *à surveiller les personnes suspectées de commettre un crime ou un délit* »[126]. Elle doit être autorisée au préalable par écrit et spécialement motivée par le procureur ou par le juge d'instruction, conformément à l'article 706-83 du CPP. Il faut rappeler que la personne mise en cause ne peut se prévaloir des manquements au principe de la loyauté de la preuve.

92. En matière d'êtres humains, de proxénétisme ou de recours à la prostitution des mineurs, à peine de nullité, l'infiltration réalisée par un agent public ne doit pas constituer une provocation à l'infraction[127]. L'agent infiltré est exonéré de toute responsabilité pour les actes qu'il serait amené à commettre durant l'opération[128]. Le but est la constatation de l'infraction, mais au besoin, il peut participer à sa commission afin de la constater. L'agent

---

[123] CPP, article 706-81, alinéa 1.

[124] CPP, article 706-83.

[125] CPP, article 706-95, alinéa 1.

[126] CPP, article 706-81.

[127] *Supra,* p. 28.

[128] CPP, article 706-82.

infiltré doit éviter la provocation à l'infraction, sous peine de manquement au principe de la loyauté de la preuve.

3) La sonorisation des lieux

93. *A priori*, il est évident que la sonorisation est un dispositif d'enquête ayant pour objet, « *sans le consentement des intéressés* »[129], la captation, la fixation, la transmission et l'enregistrement des paroles prononcées dans des lieux privés ou publics. Cette opération nécessite l'autorisation préalable du JLD en ce qui concerne un véhicule ou un lieu privé[130], et celle du juge d'instruction hors les heures prévues à l'article 59 du CPP, c'est-à-dire avant 6 heures et après 21 heures, sans le consentement du propriétaire[131]. La chambre criminelle estime qu'il n'y a pas lieu de renvoyer l'article 706-96 du CPP au Conseil constitutionnel[132].

94. *Quid* de la loyauté de la sonorisation des lieux de garde à vue ? Au cours d'une mesure de garde à vue, durant les périodes de repos séparant les auditions, deux personnes peuvent être placées dans des cellules contiguës préalablement sonorisées afin de recueillir des échanges verbaux qui seraient enregistrés à leur insu pour être utilisés comme preuve. La Cour de cassation, concernant la sonorisation des locaux, affirme que la conjugaison des mesures de garde à vue, du placement de deux individus

---

[129] CPP, article 706-96-1.

[130] CPP, article 706-96-1.

[131] CPP, article 706-96-2.

[132] Cass. crim., 6 février 2018, requête n°17-85.301, D., 2018, 353, note Jean Pradel.

dans des cellules contiguës et de la sonorisation des locaux participe d'une stratégie constituant un procédé déloyal[133].

De l'avis de la doctrine, la légalité n'est pas « *une condition suffisante, [car] l'exigence de la loyauté s'impose* »[134] dans la recherche de la preuve. Cela implique que la loyauté apparaît comme un critère « *autonome d'appréciation de la preuve* »[135], en l'occurrence, une règle de droit. Les preuves sont soumises à un double contrôle de la licéité et des autres principes[136]. Ce contrôle de la licéité et de la légalité de la preuve permet de préserver la loyauté de la preuve. Ainsi, le respect strict des règles légales de la preuve ne suffit pas à garantir la procédure pénale[137]. En outre, ce n'est pas une

---

[133] Cass. ass. plén., 6 mars 2015, requête n°14-84.339, note Pierre-Jérôme Delage, *RSC*, 2015, p. 117 ; note Jean-François Renucci, *RSC*, 2015, p. 971 ; Cass. crim., 7 janvier 2014, requête n°13-85.246, obs. S. Fucini, note J. Pradel ; *AJ Pénal*, 2015, 362, *RSC*, 2015, obs. J. Delage ; note Vierges Étienne, « Loyauté, deux apports majeurs à la théorie de la preuve pénale », D. Recueil, 13 février 2014, p. 406 et s. ; note Albert Maron et Marion Haas, Lexis 360, avril 2015, comm. 58 ; WETTERWALD-BERGEAUD Aurélie, « Du bon usage du principe de loyauté des preuves », précité ; BERLAUD Catherine, « Garde à vue : la cellule sournoisement sonorisée », Lextenso, *Gazette du Palais*, 16 janvier 2014, n°161 ; note Jean Danet, « Principe de la loyauté des preuves et sonorisation de garde à vue », *RSC*, 2014, p. 130.

[134] GIRAULT Carole, « Quand la loyauté dicte sa loi », D., *AJ Pénal*, p. 362 ; BACHELET Olivier, « Sonorisation de cellules de garde à vue : loyauté *versus* légalité », Lextenso, *Gazette du Palais*, n°39, 8 février 2014, p. 19.

[135] WETTERWALD-BERGEAUD Aurélie, « Du bon usage du principe de loyauté des preuves », précité, par. 3-6.

[136] VIERGES Étienne, « Loyauté, deux apports majeurs à la théorie de la preuve pénale », précité, p. 408.

[137] *Ibid.*, p. 410.

substitution « *de stratagème au procédé* »[138] qui rend déloyal le procédé de garde à vue ou de sonorisation, mais leur « *application cumulative* »[139]. Il est clair que la solution semble préserver le droit du gardé à vue de ne pas s'auto-incriminer vis-à-vis de l'enquête spéciale. La solution a été largement approuvée par la doctrine[140]. Partant, le principe de la loyauté et le droit au silence sont intimement liés[141].

95. En revanche, la sonorisation de la cellule d'un mis en examen dans une maison d'arrêt, ayant conduit à l'enregistrement des paroles entre ce dernier et un détenu, n'est pas un acte déloyal[142]. À la vérité, la déloyauté de la garde à vue ne peut pas être transposée en maison d'arrêt[143].

4) La captation des données informatiques

96. La captation des données informatiques est une technique qui permet aux enquêteurs d'accéder aux données stockées par une personne. L'opération permet de récupérer la preuve numérique. Force est de constater que l'autorisation du procureur ou du juge d'instruction est

---

138 GIRAULT Carole, « Quand la loyauté dicte sa loi », précité, p. 362.

139 PRADEL Jean, « La sonorisation d'un local de garde à vue est-elle licite ? », précité, p. 711.

140 VLAMYNICK Hervé, « Droit de ne pas s'auto-incriminer et la loyauté de la preuve », *AJ Pénal*, 2014, p. 194 ; RENUCCI Jean-François, « Droits de l'homme (CEDH) : équité du procès, loyauté des preuves et droit au silence », *RSC*, octobre-décembre 2015, p. 976 ; DANET Jean, « Principe de la loyauté des preuves et sonorisation de garde à vue », précité, p. 130.

141 RENUCCI Jean-François, *ibid.*, p. 976.

142 Cass. crim., 17 mars 2015, requête n°14-88.351.

143 Cass. crim., 17 mars 2015, requête n°14-88.351, note Sébastien Fucini, « Sonorisation en maison d'arrêt : en absence de caractère déloyal », D., 3 avril 2015, p. 1.

requise. Il en va de même pour la mise en place d'un dispositif technique sans l'autorisation de la personne et à son insu[144]. Sur le renvoi de l'article 706-102-1 du CPP, la Cour de cassation décide de transmettre la QPC au Conseil constitutionnel[145].

97. En droit positif, le Conseil constitutionnel considère qu'« *il appartient au législateur d'assurer la conciliation entre, d'une part, les droits de la défense et le principe du contradictoire et, d'autre part, l'objectif de valeur constitutionnelle de recherche des auteurs d'infractions et les exigences constitutionnelles inhérentes à la sauvegarde des intérêts fondamentaux de la Nation, dont participe le secret de la défense nationale* »[146]. Si le recours à ce dispositif est admis, le juge d'instruction doit le motiver sous peine de nullité[147]. La mesure doit établir « *une conciliation équilibrée entre les exigences constitutionnelles* »[148]. Le Conseil constitutionnel considère que l'article 706-102-1 du CPP est conforme à la Constitution[149].

98. Si l'opération intervient hors des heures prévues à l'article 59, l'autorisation du JLD est requise[150]. Le décret n°2015-1700 du 18 décembre 2015 fixe les conditions de la mise en œuvre du traitement de données informatiques captées en application de l'article 70-102-1 du CPP. Seules

---

[144] CPP, article 706-96-102-1.

[145] Cass. crim., 1er février 2022, requête n°21-85.148.

[146] Conseil constitutionnel, décision n°2022-987, 8 avril 2022, par. 12.

[147] Conseil constitutionnel, décision n°2022-987, 8 avril 2022, par. 17.

[148] *Idem*, par. 19.

[149] *Idem*, par. 12.

[150] CPP, article 706-96-102-2.

les données informatiques sont concernées, selon l'article 2 de ce texte.

5) La captation des images

99. Il est important de mentionner que la loi n°2019-222 du 23 mars 2019 autorise les dispositifs techniques de captation, de fixation, de transmission et d'enregistrement de paroles prononcées par une ou plusieurs personnes à titre privé ou public confidentiel[151]. Pour les nécessités d'une enquête, l'autorisation du juge des libertés et de la détention est requise[152]. Ce rôle est également dévolu au juge d'instruction, qui peut autoriser leur introduction dans un véhicule ou un lieu public à l'insu de la personne[153]. Certaines écoutes téléphoniques sont des procédés sérieusement contraires au principe de la loyauté, mais autorisés par la loi.

L'enregistrement sur les voies publiques et dans les lieux publics est autorisé par la loi, en tant que mesure de sonorisation et de fixation des images, sans l'autorisation de la personne, pour des raisons d'intérêt public. Le recours au principe de la loyauté ne serait pas fondé si l'opération était réalisée dans des conditions légales.

6) L'enregistrement dans des espaces publics

100. Pour les nécessités d'une enquête (flagrance ou préliminaire), à la demande du procureur, le JLD peut autoriser « *l'interception, l'enregistrement et la transcription de la correspondance* »[154]. Il peut autoriser aussi les enquêteurs à enregistrer, au moyen d'un

---

[151] CPP, article 706-96.

[152] CPP, article 706-96-1, alinéa 1.

[153] CPP, article 706-96-2.

[154] CPP, article 706-85.

processeur, une personne à son insu ou sans son consentement[155].

101. L'enregistrement dans les espaces publics ou sur les voies publiques est soumis à une condition particulière. Les autorités publiques et les professionnels privés peuvent installer des vidéos de surveillance avec l'autorisation du préfet. Ces moyens techniques ne requièrent pas l'assentiment de la personne concernée. D'ailleurs, l'enregistrement est opéré à l'insu de la personne pouvant faire l'objet d'une procédure judiciaire. L'invocation du principe de la loyauté par la personne mise en cause serait frappée d'une fin de non-recevoir. De fait, la Cour reconnaît que l'enregistrement litigieux est valide et constitue un moyen de preuve soumis à la libre discussion des parties[156].

7) La surveillance par les services de renseignement

102. Lorsqu'il existe plusieurs raisons plausibles de soupçonner une personne, celle-ci peut être placée sous la surveillance d'un agent de police judiciaire avec l'autorisation du procureur de la République[157].

La surveillance est une opération mise en place par les enquêteurs après autorisation du procureur de la République. Elle s'étend sur « *l'ensemble du territoire national* »[158]. Elle permet à l'autorité publique d'exercer une surveillance sur une personne mise en cause par l'infiltration, la sonorisation, l'enregistrement, l'interception des correspondances, l'IMSI-catcher, etc.

---

155 CPP, article 706-96-1 ; CPP, article 706-102-5, alinéa 1.

156 Cass. crim., 19 janvier 1999, requête n°98-83.787.

157 CPP, article 706-80, alinéa 1.

158 CPP, article 706-80.

103. La surveillance en droit pénal a quasiment des caractéristiques analogues à celle des services de renseignement. Elle a un but essentiellement préventif. Les responsables des services de renseignement peuvent à tout moment saisir le procureur de la République sur le fondement de l'article 40 du CPP. Elle exerce une influence sur les libertés fondamentales des individus. Il n'y a pas lieu, pour la personne mise en cause, de se prévaloir des manquements au principe de la loyauté de la preuve.

B) L'incertitude résultant de la consécration légale de la loyauté probatoire

104. *Quid* de l'existence légale de la loyauté probatoire ? À cet égard, il est certain qu'elle n'est revêtue d'aucune consécration légale alors qu'elle dérive de la loi[159]. Nulle indication expresse et officielle du principe général de la loyauté dans le bloc de constitutionnalité, le CPP et tous les autres textes afférents ne peut être relevée à présent. La loi du 15 juin 2000, consolidant les droits de la défense et de la victime, ne fait pas mention explicite du principe général de la loyauté probatoire. Outre la jurisprudence, la loi apporte des atténuations au principe de la loyauté probatoire. Cela concerne les dérogations du droit commun, en l'occurrence, le crime de terrorisme. Ce défaut normatif de la loyauté s'explique par l'imprécision de son périmètre.

105. Faut-il s'interroger sur les raisons de la lenteur du législateur ? Il semble qu'en raison de l'absence de critères suffisants, le législateur délègue aux juges la discrétion d'apprécier et d'assurer la mise en œuvre de ce principe. En outre, semble-t-il, il s'agit de ne pas bouleverser le principe de la liberté au profit de la loyauté de la preuve. Il est notoirement difficile de concilier les principes de la liberté

---

[159] HAYAT Jean-Michel, « La loyauté de la preuve est une notion qui n'a aucune existence légale », *in* La loyauté de la preuve en matière civile, commerciale, pénale et administrative, colloque précité, p. 7.

et de la loyauté probatoire, autant de questionnements qui semblent d'ailleurs légitimes. Il ne fait nul doute que la loyauté de la preuve, en général, est au cœur de la phase préparatoire du procès pénal. Ce principe doit inéluctablement être hissé au rang des garanties fondamentales. Les garanties d'un procès équitable sont consacrées par des instruments juridiques internes, conventionnels et internationaux. L'un des piliers essentiels de l'équité du procès pénal est ainsi le principe susmentionné, dont la violation altère manifestement les autres principes *inter alia* : l'égalité des armes, le droit de garder le silence et la protection de la vie privée.

106. En outre, étant un principe processuel de droit naturel, la loyauté commande aux enquêteurs de s'en tenir aux prérogatives reconnues par la loi. Elle doit être respectée dans les débats contradictoires afin d'éclairer le juge pour l'administration des preuves. L'égalité des armes dans le procès pénal ne saurait se limiter à la phase de production des preuves. Son étendue porte aussi sur la communication des pièces, des débats jusqu'au jugement définitif.

107. En 1999, la doctrine avait signalé l'existence de certains principes structurants qui se profilaient derrière les principes directeurs[160]. L'article préliminaire du CPP, consacré par la loi n°2000-516 du 15 juin 2000, ne prévoit pas explicitement le principe de la loyauté probatoire. En outre, celle-ci précise que « *la procédure pénale doit être équitable et contradictoire et préserver l'équilibre des droits des parties* ». Plus fondamentalement, le principe de la loyauté est relié à cette disposition. Force est de constater que les États disposent de la discrétion de légiférer sur

---

[160] GUINCHARD Serge, «Variation sur le mensonge et la déloyauté : De la vie académique à la vérité politique en passant par la vie judiciaire », *in* Entre tradition et modernité : le droit pénal en contrepoint, Mélanges en l'honneur d'Yves Mayaud, *op. cit.*, p. 594.

l'administration de la preuve. Le législateur a explicitement institué le principe de la liberté probatoire, assorti évidemment de restrictions objectives. *Mutatis mutandis*, cette discrétion a été affirmée et réaffirmée à maintes reprises par le juge conventionnel.

108. Pour l'essentiel, la loyauté en elle-même a été érigée en tant qu'exigence par le législateur dans plusieurs domaines. Il est certain qu'elle mérite d'être érigée au rang de principe fondamental autonome dans le procès pénal. Comme déjà évoqué, la loyauté de la preuve ne dispose pas d'une consécration légale autonome. Or, elle préserve les droits de la défense, un principe reconnu et ancré en droit interne et conventionnel. Il est loisible que le principe général de la loyauté de la preuve soit légalement consacré.

Certes, les critères de ce principe général demeurent en voie de précision, tout comme les autres principes. Les critères jurisprudentiels établis par la cour suprême peuvent servir de référence à l'intention de la normativité du principe général de la loyauté des preuves. La *ratio legis* s'explique par la crédibilité de l'arsenal judiciaire. Autrement dit, la confiance en la justice exige un principe structurant, notamment dans la recherche de la preuve[161].

Toutefois, le principe général de la loyauté figure parmi l'arsenal juridique de la République. En particulier, ce principe est ainsi l'une des règles qui gouvernent la procédure pénale. Si le législateur consacre le principe général de la loyauté de la preuve pénale dans le Code de procédure pénale, ce sera le retour de la loyauté au bercail ou encore à la source, au motif qu'elle dérive de la loi.

---

[161] *Ibid.*

§2. Analyse critique du principe de la loyauté de la preuve pénale

109. L'intérêt de la loyauté dans la recherche de la preuve par l'agent de l'autorité publique recouvre l'éthique et l'équité dans l'administration de la preuve **(A)**. Si cette approche est admise par la doctrine minoritaire, les griefs contre ce principe, en revanche, ne manquent pas. En effet, il semble être décrié par la doctrine majoritaire par des arguments qui méritent considération **(B)**. Pour ou contre, le principe de la loyauté a pour finalité de garantir la phase préparatoire du procès, dans un souci d'équité de la justice.

A) Approche positive du principe de la loyauté probatoire

110. À la vérité, le principe de la loyauté apparaît comme un aspect « *chevaleresque* »[162] de la procédure. La loyauté est une vertu morale et une exigence déontologique, ce qui fait de cette notion une règle de droit autonome. Elle constitue incontestablement un instrument de moralisation de la procédure[163]. Elle contribue à la crédibilité des enquêtes, en l'occurrence, à la recherche de la preuve nécessaire à la manifestation de la vérité. En soi, elle contribue à la « *dignité et à la crédibilité de la justice* »[164]. Il faut noter que la Cour de cassation veut « *privilégier la découverte de la vérité* »[165].

---

[162] PERRIER Jean-Baptiste, « *Fair-play* de la justice pénale », précité, p. 436.

[163] DEMARCHI Jean-Raphaël, « La loyauté de la preuve en procédure pénale, outil transnational de protection du justiciable », Recueil D., 2007, p. 2012.

[164] *Ibid.*

[165] CONTE Philippe, « La loyauté de la preuve dans la jurisprudence de la Cour de cassation : vers la solution de quadrature du cercle », précité.

La loyauté de la preuve constitue un critère de moralisation de l'administration de la preuve pénale. C'est aussi un critère d'éthique gouvernant la profession des agents publics. De fait comme en droit, la loyauté probatoire est devenue un principe directeur qui s'impose aux acteurs institutionnels du procès pénal. *A fortiori,* la loyauté n'est pas un élément de la légalité, mais la légalité elle-même[166]. Ainsi, elle devrait être en mesure d'apporter de la clarification[167].

111. Le contentieux pénal n'est pas un combat singulier entre l'accusé et le ministère public. Ce combat oppose l'accusé à la société, représentée par le ministère public, et la victime. La volonté de compenser l'inégalité entre les parties se heurte à des considérations juridiques fondamentales[168]. De ce postulat, il apparaît donc un déséquilibre significatif des parties. *A priori,* la loi encadre rigoureusement les infractions et la recherche de la preuve. Il apparaît un déséquilibre juridique favorable aux agents publics pour les nécessités d'une enquête. À l'inverse, ce déséquilibre est défavorable à l'accusé.

112. Ensuite, le déséquilibre financier et matériel semble établi. Au regard des moyens de l'État mis à la disposition des enquêteurs contre ceux de l'accusé pour l'administration de la preuve, il est légal et légitime d'écarter les preuves obtenues par ces derniers par des moyens douteux.

---

[166] GARREAU Denis, « La loyauté dans la preuve : un principe résiduel, voire inutile », *Justice et Cassation*, 2014, p. 41.

[167] DÉCIMA Olivier, « La loyauté de la preuve et ses composantes », précité, p. 103.

[168] ASCENSI Lionel, « Retour au principe de la loyauté », D., *AJ Pénal*, 2012, p. 326.

Le principe de la loyauté n'est pas uniquement un principe de procédure, mais un principe de guide pour les magistrats[169]. Partant, la loyauté apparaît comme une condition d'équilibre essentielle à la recherche de la preuve, à l'équilibre des débats et à l'action en justice, en résumé, à l'équilibre des armes.

113. Plus généralement, le respect du principe de la loyauté de la preuve est une garantie intégrante du procès équitable[170]. En tout état de cause, la non-consécration normative de ce principe général dans l'ordre juridique n'entrave en rien son existence et son ancrage. Le volet du procès équitable représente un formidable instrument de consécration et de formalisation[171]. D'ailleurs, il y a lieu de s'interroger sur la lenteur du législateur à réagir positivement en faveur de la loyauté de la preuve. À titre d'observation générale, il est regrettable que le principe susmentionné ne soit pas spécifiquement consacré dans le CPP[172]. Il ne peut nullement être considéré comme un principe subsidiaire. La loyauté apparaît comme un

---

169 PEIMANE Ghalet-Marzban, « L'appréciation du principe de loyauté de la preuve. L'émergence d'un modèle éthique du procès », *in* La loyauté de la preuve en matière civile, commerciale, pénale et administrative, colloque précité, p. 44.

170 GUINCHARD Serge et BUISSON Jacques, *Procédure pénale,* LexisNexis, 15e éd., 2002, p. 503.

171 BOURSIER Marie-Emma, *Le principe de loyauté en droit processuel*, *op. cit.*, p. 88.

172 DESPORTES Frédéric, « La loyauté dans la preuve », précité, p. 24 ; HAYAT Jean-Michel, « La loyauté de la preuve est une notion qui n'a aucune existence légale », *in* La loyauté de la preuve en matière civile, commerciale, pénale et administrative, colloque précité, p. 7.

« *principe général supérieur, dénominateur commun des actes d'enquête* »[173].

114. Néanmoins, une partie de la doctrine soutient une conciliation entre l'efficacité de l'enquête et l'effectivité des droits de la défense dans l'administration de la preuve pénale[174], y compris la recherche de la vérité[175]. Au soutien du principe général de la loyauté dans l'administration de la preuve, les arguments juridiques s'appuient sur le principe cardinal dont l'existence est essentiellement fondée sur le sceau du procès équitable. En outre, la société doit impérativement mettre à la disposition de l'accusé tous les moyens nécessaires pour assurer sa défense. Enfin, une refonte du droit de la preuve est soutenue[176]. Elle échappe au contrôle de la loi tout en affirmant de plus en plus sa primauté en droit positif. La patience est le chemin d'or et le plus sûr. Le principe susmentionné occupe une place de

---

[173] DEMARCHI Jean-Raphaël, « La loyauté de la preuve en procédure pénale, outil transnational de protection du justiciable », précité, p. 2012.

[174] DE COMBLES DE NAYVES Pierre, « À la recherche de la loyauté », précité, p. 115 ; GUÉRIN Didier, « La loyauté de la preuve devant le juge pénal », *in* La loyauté de la preuve en matière civile, commerciale, pénale et administrative, colloque précité, p. 21 ; MOLINS François, « L'appréciation du principe de la loyauté de la preuve : applications pratiques devant le juge pénal », précité, p. 50 ; LEFRANÇOIS Cécile, « Réflexion sur la loyauté de la preuve pénale », *in* La loyauté, acte du colloque de l'École doctorale 461, juin 2016, p. 170.

[175] AMBROISE-CASTÉROT Coralie, « Aveu », *Répertoire de droit pénal et de la procédure pénale*, avril 2020, par. 61.

[176] GUINCHARD Serge, « Variation et la déloyauté : De la vie académique à la vérité politique en passant par la vie judiciaire », *in* Entre tradition et modernité : le droit pénal en contrepoint, Mélanges en l'honneur d'Yves Mayaud, *op. cit.*, p. 607.

choix dans l'ordre juridique pénal. Sa consécration légale n'est qu'une question de temps.

B) Approche négative contre le principe de la loyauté probatoire

115. Le principe de la loyauté de la preuve apparaît comme « le nœud gordien » du droit de la preuve pénale, une difficulté qu'on ne peut pas aisément traiter[177]. La loyauté n'est pas un principe, mais une simple notion en droit français[178]. Elle constitue une « *notion changeante et malléable* »[179]. Elle semble être une notion à double visage qui paraît « *d'ordre moral et éthique autant que juridique* »[180].

116. En l'absence de consécration expresse et officielle, la force du principe de la loyauté demeure incertaine[181]. S'il existe, il ne doit être rien d'autre que le respect de la loi[182], arguant ainsi l'inexistence du principe général de la loyauté dans la recherche de la preuve. La loyauté n'est pas un principe général mais une exigence prescrite aux enquêteurs.

---

177 PRADEL Jean, « La sonorisation d'un local de garde à vue est-elle licite ? », précité, p. 711.

178 VEIL Jean, « La loyauté de la preuve en matière économique et financière : le point de vue de l'avocat », *in* La loyauté de la preuve en matière civile, commerciale, pénale et administrative, colloque précité, p. 51.

179 THOUVENIN Gilles, « Préface », Éd. D., *Justice et Cassation*, 2014, p. 6.

180 *Idem,* p. 5.

181 VEIL Jean, « La loyauté de la preuve en matière économique et financière : le point de vue de l'avocat », précité, p. 51.

182 *Idem*, p. 53.

117. La loyauté probatoire n'est rien d'autre qu'un vieux principe de nature hybride et transversale entre le droit, la morale et la déontologie. Il s'agit d'un mot « *tordu, et les juristes ne sont pas pour sa torsion* »[183] qui s'applique au cas par cas, au point de se demander comment « *une notion molle* »[184] ou de « *droit souple* »[185] peut compromettre l'équilibre de la procédure pénale. Elle n'a pas les valeurs réelles d'un principe directeur, au motif qu'elle est dépourvue de caractère général puisqu'elle s'applique aux seuls acteurs institutionnels du procès pénal. La traduction juridique de la loyauté serait malaisée[186].

L'administration de la preuve devant le juge pénal est sous une forme de liberté surveillée[187].

La loyauté de la preuve en matière pénale ne peut constituer un principe directeur pouvant guider les juges du fond et les

---

[183] CADIET Loïc, « Le principe de la loyauté devant le juge civil et le juge commercial », précité, p. 14.

[184] CONTE Philippe, « La loyauté de la preuve en procédure pénale : fragile essai de synthèse », précité, p. 22-26 ; CARBONNIER Jean, « Flexible droit : pour une sociologie du droit sans rigueur », cité par SALOMON Renaud, « L'appréciation du principe de la loyauté de la preuve. Applications pratiques en matière économique et financière », *in* La loyauté de la preuve en matière civile, commerciale, pénale et administrative, colloque précité, p. 46.

[185] BARTHÉLEMY Jean, « Loyauté et déontologie », *in* FAYE Sylvie (dir.), Loyauté et déontologie, Éd. D., *Justice et Cassation*, 2014, p. 23.

[186] DÉCIMA Olivier, « La loyauté de la preuve pénale et ses composantes », D., 2018, p. 103.

[187] GUÉRIN Didier, « La loyauté de la preuve devant le juge pénal », précité, p. 19.

enquêteurs[188]. D'ailleurs, « loyal » n'est pas nécessairement « légal »[189]. Le principe de la loyauté de la preuve ne constitue pas un principe général de droit[190]. Son application s'opère au cas par cas, selon les actes d'enquête menés par les agents de l'autorité publique, et ne concerne pas les autres parties.

118. Pourtant, le principe de la loyauté n'est pas un principe autonome, mais un principe subordonné à des principes directeurs. D'ailleurs, une partie de la doctrine s'interroge sur sa pertinence[191]. À la lumière des restrictions prétoriennes du principe de la loyauté de la preuve, des commentateurs soutiennent énergiquement sa portée relative[192]. Les arguments avancés semblent-ils juridiquement justifiés ? Notons que des dispositions légales autorisent des modes d'obtention de preuves pénales non conformes aux exigences de la vie privée, plus particulièrement au principe de la loyauté. Aussi, certains procédés de très faible degré de déloyauté dans la production de preuves peuvent être tolérés, à tel point qu'on peut s'interroger sur le fait de savoir si, comme pour le cholestérol, il existe une « bonne loyauté » et une « mauvaise

---

[188] RACT-MADOUX Martine, « La loyauté de la preuve en matière pénale : la liberté des preuves », *in* La loyauté de la preuve en matière civile, commerciale, pénale et administrative, colloque précité, p. 35.

[189] FRYDMAN Patrick et SORIN Julien, « Le principe de la loyauté de la preuve devant le juge administratif », précité, p. 26.

[190] CADIET Loïc, « Le principe de la loyauté devant le juge civil et le juge commercial », précité, p. 18 ; VEIL Jean, « La loyauté de la preuve en matière économique et financière : le point de vue de l'avocat », précité, p. 51.

[191] *Ibid.*, p. 52.

[192] MATSOPOULOU Haritini, « Consécration et limites du principe de la loyauté de la preuve : quelle réalité », précité, p. 4 et s.

loyauté »[193]. Il est certain que ce principe apparaît comme un principe à « *géométrie variable, trop flou et relatif* »[194]. Par la suite, la loyauté a été considérée comme une notion « a-juridique » située dans la zone grise entre la légalité, qui est d'ailleurs le sens originel du mot, et la morale[195]. Une opposition radicale a été objectée contre l'introduction du principe dans l'ordre juridique, ne pouvant pas être un principe directeur guidant les juges du fond[196]. Pour autant, il a été soutenu que sous réserve de la légalité, le principe de la liberté doit demeurer le principe directeur du procès pénal[197].

Plus sévèrement, le principe susmentionné apparaît comme une notion indéfinissable, trop subjective et trop intuitive pour satisfaire la science[198]. Toutefois, l'affirmation de la mise à mal du principe de la loyauté laisse « dubitatif »[199].

---

[193] PRADEL Jean, « La sonorisation d'un local de garde à vue est-elle licite ? », précité, p. 711.

[194] PRADEL Jean et VARINARD André, « Grands arrêts », précité, p. 226 ; DEBOVE Frédéric, FALLETTI François et PONS Iris, *Précis de droit pénal et de la procédure pénale*, PUF, 8e éd., Collection « Major », 2020, p. 765 ; PITTI Gérard, « L'affaire de la *sextape* : on ne dribble pas le principe de la loyauté des preuves ! », *Gazette du Palais*, n°31, 19 septembre 2017.

[195] DESPORTES Frédéric et LAZERGES-COUSQUER Laurence, *Traité de procédure pénale*, *op. cit.*, p. 419.

[196] RACT-MADOUX Martine, « La loyauté de la preuve en matière pénale : la liberté des preuves », précité, p. 35.

[197] *Idem*, p. 38.

[198] CASTELAIN Stéphane, « Loyauté et procédure », précité, p. 42.

[199] DELAGE Pierre-Jérôme, « Une mobilisation inopportune du principe de la loyauté de la preuve ? », *RSC*, 2023, p. 143.

SECTION 2. LE PRINCIPE DE LA LOYAUTÉ PROBATOIRE FONDÉ SUR L'ARTICLE 6 DE LA CONVENTION EDH

Le principe de la loyauté de la preuve pénale n'est pas explicitement affirmé par la Convention EDH **(§1)**. Toutefois, le juge conventionnel reconnaît ce principe à la lumière de l'article 6 du texte susmentionné **(§2)**.

§1. La loyauté probatoire : une consécration conventionnelle irrésolue

119. L'application du principe général de la loyauté probatoire connaît une avancée significative en droit tant national que conventionnel. Il est opportun de souligner que ce principe n'est pas explicitement consacré en droit conventionnel. Comme il a été évoqué, il s'agit d'un principe sous-jacent et non autonome. En droit conventionnel, il peut être cité parmi les droits de la défense au sens de l'article 6 et/ou de l'article 8 de la Convention EDH portant sur la vie privée et familiale.

120. Le Conseil de l'Europe a fait référence au principe de la loyauté. Il énonce qu'« *il s'agit de conférer au principe de loyauté et à celui de coopération entre les différents acteurs du procès une place centrale au sein du processus judiciaire* »[200]. Il est certain que dans l'affaire *Schenk*, le procédé douteux de l'obtention de la preuve litigieuse a été reconnu. Cependant, la Cour s'estime incompétente à se prononcer sur le droit de l'administration de la preuve en droit interne. Cette incompétence peut être justifiée par l'absence de disposition explicite à cet égard. Le Conseil de l'Europe confère une large manœuvre d'appréciation aux juges conventionnels, tout en se réservant la possibilité

---

[200] GUINCHARD Serge, « Variation et la déloyauté : De la vie académique à la vérité politique en passant par la vie judiciaire », précité, p. 607.

d'amender la Convention. En ce qui concerne la situation juridique du principe susmentionné, il se réserve le droit de l'ériger au rang de disposition conventionnelle, conférant aux juges conventionnels l'autorité de sauvegarder les droits de la défense.

121. Néanmoins, des amendements ont déjà été apportés à la Convention EDH[201]. L'article 6 de ce texte relatif au droit à un procès équitable n'a fait l'objet d'aucun amendement approfondi. Or, en l'état actuel de l'évolution, plusieurs principes méritent d'être explicitement consacrés : l'égalité des armes, la loyauté probatoire et l'administration des preuves. En raison de l'absence de dispositions explicites, la Cour s'efforce de procéder à une interprétation téléologique en faisant référence au procès équitable pour interpréter les principes de l'égalité des armes et de la loyauté probatoire. Du reste, il apparaît nécessaire de procéder à la refonte de la Convention EDH au regard de l'évolution des États. Il s'agit plus particulièrement de l'amendement approfondi de l'article 6 du texte susmentionné afin d'inclure des principes prétoriens sous-jacents déjà reconnus, à l'image du principe général du respect des droits de la défense, de l'égalité des armes et de la loyauté probatoire. En conséquence, seule une refonte approfondie donnera plus de lisibilité au droit à un procès équitable conventionnellement garanti.

§2. La loyauté sous le sceau du procès équitable selon la Cour EDH

122. La Cour s'est prononcée sur l'obtention de la preuve illicite dans l'affaire *Schenk* du 12 juillet 1988. Dans cette

---

[201] Les amendements à la Conv. EDH : vol. 2 - 1963-1965, articles amendés 1 et 25 ; vol. 4 - 1961 (article 32 amendé) ; vol. 8 - 1965 (article 32 amendé) ; vol. 10 - 1967 (article 32 amendé) ; vol. 12 - 1969 (article 32 amendé) ; vol. 13 - 1970 (articles 29 et 30 amendés) ; vol. 8 - 1965 (articles 22 et 40 amendés).

affaire, la question de l'enregistrement litigieux a été posée à la Cour EDH. À l'appui de son recours, le requérant invoquait que l'enregistrement avait été obtenu de manière illicite. Les juridictions suisses n'ont pas réfuté cet argument, mais elles ont considéré que l'intérêt public prévalait sur l'intérêt privé. L'appréhension de la Cour sur le principe général de la loyauté peut être déclinée dans l'analyse entreprise. En premier lieu, la Cour énonce que « *si la Convention garantit en son article 6 (art. 6) le droit à un procès équitable, elle ne réglemente pas pour autant l'admissibilité des preuves en tant que telle, matière qui dès lors relève au premier chef du droit interne [sic]* »[202].

123. Ce faisant, la Cour affirme que l'administration des preuves et les sanctions pénales ne relèvent pas de sa compétence, mais de chaque État partie à la Convention. En second lieu, elle conclut que la Convention EDH *« ne saurait donc exclure par principe et* in abstracto *l'admissibilité d'une preuve recueillie de manière illégale, du genre de celle dont il s'agit. Il lui incombe seulement de rechercher si le procès de M. Schenk a présenté dans l'ensemble un caractère équitable [sic]* »[203].

124. En l'espèce, elle procède à une affirmation expresse de son autorité en tant que garante du droit à un procès équitable. Plus précisément, les preuves déloyales et illicites s'apprécient sous l'angle du procès équitable. La Cour semble indiquer que les procédés constituent des pratiques déloyales et illicites dans l'administration de la preuve pénale par les agents publics.

125. Sous l'angle de l'article 6 de la Convention EDH, la Cour a conclu que l'utilisation de l'enregistrement comme

---

[202] Cour EDH, plénière, *Affaire Schenk c./Suisse*, requête n°10862/84, 12 juillet 1988, par. 46 ; Conv. EDH, préambule, alinéa 6.

[203] Cour EDH, *ibid.*

pièce à conviction n'a pas privé le requérant d'un procès équitable[204]. Elle se garde, par principe, la possibilité de trancher très clairement la question des procédés illégaux ou déloyaux en droit interne, considérant que l'administration des preuves relève de la compétence des États. Il convient de souligner que cette décision de la Cour a été adoptée conformément à l'avis de la Commission européenne[205]. L'arrêt *Schenk* marque la naissance du principe général de la loyauté de la preuve pénale dans la sphère judiciaire conventionnelle. Elle reconnaît implicitement qu'elle contrôle l'administration de la preuve au regard de l'équité du procès. Ce raisonnement de la Cour EDH est constant[206]. Son approche peut être considérée comme un contrôle de prudence. Elle ne contrôle pas l'effectivité du respect du principe général de la loyauté, mais à la lumière de l'équité du procès en vertu de l'article 6 susvisé.

En outre, l'approche des juges dissidents semble plus séduisante. Il n'est pas sans intérêt de rappeler que la décision a été adoptée par treize voix contre quatre. Dans leurs opinions communes dissidentes, les juges Pettiti, Spielmann, De Meyer et Carrillo Salcedo concluent qu'« *aucune juridiction ne peut, sans desservir une bonne administration de la justice, tenir compte d'une preuve qui*

---

[204] Cour EDH, plénière, *Affaire Schenk c./Suisse*, requête n°10862/84, 12 juillet 1988, par. 49.

[205] La Commission européenne des droits de l'homme apparaît comme l'instance chargée de la recevabilité des requêtes introduites soit par les requérants, soit par les États, en application de la Conv. EDH qui rend un avis non obligatoire adressé à la Cour EDH sur la forme et le fond de l'affaire.

[206] Cour EDH, grande chambre, *Moreira Ferreirac./Portugal*, requête n°19867/12, 11 juillet 2017, par. 83 ; *Hegkas c./ République tchèque*, requête n°5935/02, 1er mars - 9 juillet 2007, par. 84.

a été obtenue, non pas simplement par des moyens déloyaux, mais surtout d'une manière illégale. Si elle le fait, le procès ne peut être équitable au sens de la Convention [sic] »[207].

126. Bien que la Cour EDH se réserve le droit de mentionner, dans l'arrêt *Schenk,* le principe de la loyauté et privilégie le terme « illicite », l'opinion dissidente des juges évoque nettement des « moyens déloyaux ». Ce passage des juges dissidents fait référence explicitement à la violation du principe général de la loyauté probatoire. De l'avis des magistrats dissidents, les enquêteurs de l'État suisse ont méconnu ainsi le principe susmentionné. Il n'est pas également sans intérêt de rappeler que le point de vue topique des magistrats dissidents s'inscrit irréfutablement dans la droite ligne de la sauvegarde du principe général de la loyauté de la preuve pénale, une garantie à caractère conventionnel. De plus, il apparaît cohérent avec l'esprit et la lettre de l'article 6 de la Convention EDH.

127. Les droits de la défense apparaissent garantis par les lois de la République, les conventions, les instruments internationaux, etc. À toutes fins utiles, la valeur constitutionnelle des droits de la défense rend ainsi licite la preuve déloyale apportée par la personne privée dès lors que celle-ci est strictement nécessaire[208]. La haute cour rappelle que le respect du principe du contradictoire s'impose *inter se*. Il faut souligner nettement et avec raison que la solution de la cour de céans sise au 5 quai de l'Horloge à Paris s'inscrit dans la droite ligne de la jurisprudence de la Cour des droits de l'homme de Strasbourg, précisément la jurisprudence *Schenk* et *Bykov*.

---

[207] Cour EDH, plénière, *Affaire Schenk c./Suisse*, 10862/84, opinions dissidentes communes des juges, 12 juillet 1988.

[208] ROUSSEL Gildas et ROUX-DEMARE François-Xavier, *Procédure pénale,* 12e éd., Collection « Vuibert Droit », août 2021, p. 199.

128. Dans l'affaire *Bykov*, la Cour réitère *ad litteram* la formule établie dans l'affaire *Schenk.* Il s'agit de la faculté pour le requérant de contester les procédés litigieux au cours des débats contradictoires[209]. Elle avance que la condamnation du requérant a été aussi fondée sur d'autres éléments. Cet alignement constant de la jurisprudence de la Cour EDH, retenu dans l'affaire *Schenk,* atteste qu'il s'agit d'une solution de principe. Cette approche épouse très nettement l'avis prétorien de la Cour de cassation.

129. Bien entendu, il s'agit du principe de la loyauté probatoire dont l'approche de la Cour de cassation et celle des droits de l'homme siégeant à Strasbourg n'apparaissent pas divergentes. Les preuves déloyales produites par les personnes privées sont soumises aux exigences de la contradiction. Il résulte du principe de la liberté de la preuve que toute liberté emporte un risque d'abus[210]. Or, il ne fait aucun doute que la liberté a des limites. La production de la preuve doit respecter les règles du jeu établies par la loi. Il n'appartient pas à la Cour de se prononcer sur l'admissibilité des preuves. Toutefois, elle apprécie l'équité de la procédure, y compris la manière dont elle a été accueillie[211].

---

[209] Cour EDH, grande chambre, *Bykov c./Russie*, requête n°4378/02, 10 mars 2009, par. 95.

[210] BOURSIER Marie-Emma, *Le principe de loyauté en droit processuel, op. cit.*, p. 84.

[211] Cour EDH, *Ayetullah Ay c./Turquie*, requête n°29084/07-1191/08, 27 octobre 2020, par. 123-130.

CONCLUSION DE LA PARTIE I

130. Bien que la doctrine évoque le principe directeur de la procédure pénale[212], le législateur n'a pas conféré cette valeur à la loyauté. Il est évident que l'article préliminaire du CPP décline certains principes fondamentaux. Certes, la loyauté probatoire figure parmi les principes généraux de la procédure pénale. Le principe de la loyauté de la preuve en matière pénale connaît un ancrage qui a pour but ultime de lutter contre le déséquilibre des forces en présence. Il est inutile de comparer les moyens dont disposent le ministère public et la défense. Autoriser la personne mise en cause à recourir à des procédés déloyaux dans la production de la preuve revient à établir l'équilibre. Plus spécifiquement, cela permet l'assouplissement de l'arbitraire des agents publics dans l'administration de la preuve. Le législateur devrait enfin confirmer ce principe en vue de l'équilibre des armes entre les autorités de poursuite et l'accusé. Le but ultime de la recherche de la preuve est la découverte de la recherche de la vérité.

131. Les pratiques autorisées (la géolocalisation, l'enregistrement, les captations, etc.) doivent respecter les critères normatifs, à peine de nullité. Partant, la loyauté apparaît comme « *le prolongement du principe de la légalité* »[213], une protection avancée de l'équité et de la légalité[214]. Elle est le bouclier du suspect, du prévenu ou de l'accusé.

132. L'interprétation de la chambre criminelle semble cohérente avec l'ensemble des principes probatoires. Il

---

[212] DEBOVE Frédéric, FALLETTI François et PONS Iris, *Précis de droit pénal et de la procédure pénale, op. cit.*, p. 465.

[213] DESPORTES Frédéric, « La loyauté dans l'enquête », précité, p. 27.

[214] *Ibid.*, p. 29.

appert que chaque principe probatoire est assorti d'une exception. Il existe une sorte de cohabitation entre les principes. *Per se,* le principe de la liberté probatoire semble atténué par celui de la loyauté. Ce dernier est assoupli par celui du contradictoire. Cela se déduit du fait que « le principe arrête le principe ». S'agissant des autorités publiques, le principe de la liberté probatoire est reconnu, mais assorti du respect de celui de la loyauté. *A fortiori,* il appert évidemment, en droit pénal, que le respect de ce dernier est pertinent ; son entrave entraîne l'annulation de l'acte incriminé.

133. L'application exclusive du principe de la liberté ne peut garantir le respect de la légalité qui doit nécessairement être concilié avec l'éthique déontologique des enquêteurs. L'administration de la preuve par les acteurs institutionnels du procès pénal est soumise à l'application concurrente et complémentaire des principes de la liberté, de la loyauté et de la légalité. Les acteurs institutionnels doivent concilier les principes de la loyauté, de la liberté et de la légalité[215]. La loyauté de la preuve a pour finalité le rééquilibrage de la liberté et de la morale ainsi que de la légalité et de la morale, dans l'intérêt supérieur des droits de la défense.

134. Pour les personnes privées, c'est l'admission du principe de la liberté probatoire au détriment de la loyauté, sous réserve de l'observance du principe suprême du contradictoire. L'approche prétorienne française sur le principe général de la loyauté de la preuve pénale est apparue plus ferme que celle de la cour strasbourgeoise.

135. En soi, les garants du principe de la loyauté, à savoir, le juge national et le juge conventionnel, se réfèrent à des fondements légaux et conventionnels avec un seul but : éviter irréfutablement un procès déloyal qui méconnaît de façon manifeste les libertés fondamentales, en l'occurrence,

---

[215] DESPORTES Frédéric, « La loyauté dans l'enquête », précité, p. 25.

le droit à un procès équitable et la garantie de la dignité humaine, etc. En conséquence, ni le juge national ni le juge conventionnel ne peuvent accepter les graves manquements des acteurs institutionnels au mépris du principe susmentionné. Cette prise de position des juges s'inscrit dans le sillage de la lutte contre le déséquilibre des forces dans le procès pénal. Le futur de ce principe dans le procès criminel demeure consolidé. Cette sauvegarde *in favorem* des personnes privées semble loisible au regard des enjeux du procès, en particulier du procès pénal, un véritable combat judiciaire où l'équité demeure le maître mot. En effet, l'analogie entre le principe de la loyauté et celui du contradictoire est définitivement tranchée. Dans cette perspective, il semble évident qu'il existe une concurrence et une complémentarité entre ces principes, dont la loyauté et l'égalité des armes[216].

136. *In toto*, la jurisprudence établit la loyauté de la preuve comme un principe général et en fixe les limites. L'application fidèle du CPP ne permet pas de garantir l'application effective du principe susmentionné. Bien au contraire, les techniques spéciales d'enquête sont des mesures coercitives de recherche de la preuve, nécessaire à la manifestation de la vérité. Les nombreuses restrictions relativisent la portée du principe de la loyauté. En dépit des restrictions, la loyauté apparaît comme une règle de droit autonome dont la violation excessive a un effet procédural et professionnel.

---

[216] *Ibid.*, p. 27.

PARTIE II

LA PORTÉE DES MANQUEMENTS AU PRINCIPE DE LA LOYAUTÉ PROBATOIRE

137. La notion de loyauté recouvre une certaine confusion entre le droit et la morale. Il convient de souligner qu'elle relève de l'ordre juridique[217]. La conséquence résultant du non-respect du principe de la loyauté de la preuve en matière pénale a deux volets : un effet sur l'acte et sur l'agent de l'autorité publique.

138. En toute hypothèse, d'une part, le degré de violation du principe de la loyauté peut conduire, selon le cas, à un effet procédural. Cela pourrait donner lieu à un contentieux de la preuve obtenue par l'agent public par des procédés déloyaux. Il faut nuancer cela, car la déloyauté de la preuve est appréciée par le juge. Selon le degré de gravité de la violation du principe de la loyauté, l'acte incriminé peut faire l'objet d'une annulation **(Chapitre I)**.

139. D'autre part, l'agent public peut voir sa responsabilité engagée. Les différentes sanctions, qu'elles soient civiles, déontologiques ou pénales, demeurent autonomes et cumulatives. Cela est valable pour le magistrat et pour le policier et le gendarme lorsque les manquements à la loyauté alléguée sont d'extrême gravité. L'action pénale ne fait pas obstacle à l'action disciplinaire en raison de leur indépendance respective telle que reconnue par la jurisprudence pertinente du CSM[218]. Autrement dit, « *le pénal ne tient pas le disciplinaire en état [et] le civil ne tient*

[217] BARTHÉLEMY Jean, « Loyauté et déontologie », précité, p. 21.

[218] CSM, SO69, 23 avril 1993.

pas le disciplinaire en état »[219]. Les manquements au principe de la loyauté peuvent, selon leur gravité, être prononcés contre les acteurs institutionnels du procès pénal par le juge disciplinaire, le juge pénal et le juge civil **(Chapitre II).**

---

219 DUPUY-PRALUS Joëlle, cité par JOLY-HURARD Julie, « La responsabilité civile, pénale et disciplinaire des magistrats », *Revue internationale de droit comparé*, vol. 58, n°2, 2006, p. 470 ; DOI : https://doi.org/10.3406/ridc.2006.19431.
https://www.persee.fr/doc/ridc_0035-3337_2006_num_58_2_19431.

CHAPITRE I

LA PORTÉE DU NON-RESPECT DE LA LOYAUTÉ PROBATOIRE TENANT À L'ACTE

140. Il ressort *verbatim* de la jurisprudence constante du Conseil constitutionnel qu'« *il appartient en tout état de cause à l'autorité judiciaire de veiller au respect du principe de loyauté dans l'administration de la preuve et d'apprécier la valeur probante des déclarations illicites [sic]* »[220]. En outre, le juge conventionnel est également le juge investi de ce contrôle en vertu des articles 6 et 8 de la Convention EDH. La violation manifeste du principe général de la loyauté est inéluctablement conséquentielle pour l'auteur et pour l'acte déloyal et illicite, quel que soit le degré de plausibilité des preuves invoquées.

L'annulation des procédés déloyaux s'inscrit dans le processus commun aux actes de procédure en matière pénale. Le respect des exigences est une condition *sine qua non* **(Section 1)**. Il sera question, *stricto sensu,* des effets sur les procédés déloyaux. Pour ce faire, il convient également d'envisager l'office du juge relatif à l'annulation de l'acte incriminé **(Section 2)**.

SECTION 1. ACTION EN NULLITÉ CONTRE UN PROCÉDÉ DÉLOYAL

L'action en nullité de l'acte ou procédé déloyal exige l'observance des critères normatifs **(§1)** afin de saisir la chambre de l'instruction. Toutefois, le ministère public et la

---

[220] Conseil constitutionnel, décision n°2011-191/194/195/196/197, QPC du 18 novembre 2011, considérant 30 ; Conseil constitutionnel, décision n°2021-817, 20 mai 2021, par. 118.

partie à laquelle il est fait grief peuvent former un pourvoi devant la chambre criminelle **(§2)**.

§1. Les conditions de l'annulation d'une preuve obtenue par des procédés déloyaux

141. À l'instar du magistrat instructeur et du procureur de la République, les parties sont fondées à saisir la chambre de l'instruction de l'irrégularité d'un acte de procédure en application de l'article 173, alinéa 3 du CPP. En vertu de cet article, la personne mise en cause sera fondée d'agir en nullité si elle remplit les conditions prescrites par la loi, en l'occurrence, les conditions de forme **(A)** et de fond **(B)**.

A) Les conditions de forme

142. Le requérant doit remplir les formalités essentielles pour prétendre à l'action en nullité. La requête doit être motivée et adressée à la chambre de l'instruction[221]. À peine d'irrecevabilité, la requête doit faire l'objet d'une déclaration auprès du greffe, conformément à l'article 173, alinéa 2 du CPP. Elle doit être constatée, datée et signée[222]. Avant son interrogatoire de première comparution, la personne mise en examen doit établir les moyens de nullité dans un délai de six mois, conformément à l'article 173-1 du CPP.

B) Les conditions de fond

143. La nullité peut être substantielle lorsque l'irrégularité porte atteinte à l'intérêt de la partie, en application des articles 171 et 802 du CPP. L'intérêt à agir doit venir de l'irrégularité ayant occasionné un préjudice. Toutefois, « *le requérant a intérêt à agir s'il a intérêt à obtenir l'annulation de l'acte* »[223]. Il est de jurisprudence constante

---

[221] CPP, article 173, alinéa 1.

[222] CPP, article 173, alinéa 2.

[223] Cass. crim., 7 septembre 2021, requête n°21-80.642 B.

de la Cour de cassation qu'un requérant ne peut critiquer un arrêt de la chambre de l'instruction faute d'intérêt[224].

L'accusé est le premier surveillant du principe de la loyauté de la preuve. Lorsqu'il constate sa violation par les enquêteurs, à travers sa défense, il actionne immédiatement un recours devant la chambre de l'instruction, voire la Cour de cassation. Il ne peut espérer le bénéfice de la violation du principe général de la loyauté de la preuve à titre *urbi et orbi*. *A fortiori*, le requérant doit démontrer une atteinte à l'un des droits[225]. *A contrario*, il serait mal fondé de demander le respect du principe de la loyauté.

144. Le grief de l'irrégularité ne peut être invoqué que si le procédé litigieux est à l'origine du préjudice. L'irrégularité doit être prévue par une disposition du CPP. Les actes déloyaux ne sont pas susceptibles d'être acceptés par le juge. Pour être admis, le procédé litigieux doit être d'une extrême gravité, au point qu'un commentateur[226] distingue une « bonne déloyauté » et une « mauvaise déloyauté » ou encore une « *déloyauté indirecte* »[227].

§2. La saisine judiciaire quant aux manquements à la loyauté de la preuve

145. *De jure* et *de juris,* les irrégularités de procédure peuvent être soulevées par les parties devant le juge d'instruction et de jugement. L'article 173, alinéa 2 du CPP précise que le procureur de la République requiert le juge

[224] Cass. crim., ass. plén., 9 décembre 2019, requête n°18-86.767.

[225] Cass. crim., ass. plén., 9 décembre 2019, requête n°18-86.767.

[226] CONTE Philippe, « La loyauté de la preuve en procédure pénale : fragile essai de synthèse », colloque précité, p. 23.

[227] DÉCIMA Olivier, « La loyauté de la preuve et ses composantes », précité, p. 103.

d'instruction afin de saisir la chambre de l'instruction. En outre, l'alinéa 3 de l'article 173 du CPP autorise les parties, en l'occurrence, les témoins assistés, à saisir la chambre de l'instruction par le biais d'une requête motivée lorsqu'une nullité a été commise. En tout état de cause, l'accusé peut saisir la chambre de l'instruction en application des dispositions susmentionnées lorsque les acteurs institutionnels du procès pénal ont méconnu le principe général de la loyauté de la preuve.

Les arrêts de la chambre de l'instruction peuvent faire l'objet de pourvois en cassation devant la chambre criminelle, à l'initiative du ministère public ou de la partie ayant intérêt, en application de l'article 567 du CPP. La partie à laquelle il est fait grief du non-respect du principe de la loyauté peut invoquer cumulativement la méconnaissance de l'article 6 de la Convention EDH, l'article préliminaire et le principe de la loyauté de la preuve.

SECTION 2. L'EFFET DIRECT DE L'ANNULATION DE LA PREUVE OBTENUE PAR DES PROCÉDÉS DÉLOYAUX

L'annulation de la preuve obtenue par des procédés déloyaux, en méconnaissance du principe de la loyauté, anime l'actualité, et la doctrine en fait son cheval de Troie. Il sied d'évoquer ici le rôle du juge **(§1)** et l'étendue de la nullité relative à la preuve produite par des ruses **(§2)**.

§1. L'office du juge d'écarter les preuves produites

146. Les preuves produites par les enquêteurs qui méconnaissent excessivement le principe de la loyauté probatoire sont, en conséquence, prohibées. Au fond, l'article 170 du CPP habilite la chambre de l'instruction à statuer sur l'annulation des actes de procédure. En application du principe général de la loyauté de la preuve, les pratiques déloyales des agents publics sont susceptibles d'être déclarées invalides.

147. Faut-il souligner au passage que l'article 802 du CPP prévoit la nullité en méconnaissance des formalités substantielles ? La nullité des procédés déloyaux serait retenue à la lumière des articles 170 et 802 du CPP. Très nettement, son article 174 autorise la chambre de l'instruction à écarter des pièces de la procédure ou l'acte déclaré nul[228]. D'ailleurs, elle peut relever d'office le grief frappé de nullité. Ce faisant, le procédé déloyal qui encourt la censure sera écarté de la procédure.

148. À ce titre, la chambre criminelle est encore plus sévère et censure les décisions des juges du fond qui valident des preuves obtenues par les magistrats instructeurs et les fonctionnaires de la police ou de la gendarmerie au mépris du principe général de la loyauté probatoire. Il convient évidemment de fournir des exemples précis à cet effet. Au-delà, des précédents à ce principe, plus spécifiquement l'arrêt *Imbert* ayant confirmé l'irrecevabilité et l'invalidité des actes déloyaux, ont été prononcés par la Cour de cassation[229]. Les juges du fond demeurent attentifs aux procédés déloyaux dans l'administration de la preuve pénale.

---

[228] L'article 174 du CPP dispose que : « *Lorsque la chambre de l'instruction est saisie sur le fondement de l'article 173 ou sur l'article 221-3, tous moyens pris de nullité de la procédure qui lui est transmise doivent, sans préjudice qui lui appartient de les relever d'office, lui être proposés. À défaut, les parties ne sont plus recevables à en faire état, sauf le cas où elles n'auraient pu connaître.* »

[229] Cass. crim., 11 mai 2001, *Bull.*, n°132 ; Cass. crim., 7 février 2007, *Bull.*, n°37 ; Cass. crim., 4 juin 2008, *Bull.*, n°141.

La haute cour considère que la provocation à l'infraction méconnaît nettement le principe général de la loyauté de la preuve et le droit à un procès équitable. Cette pratique rend irrecevable la preuve en justice[230]. En principe, l'assemblée plénière affirme que « *constitue une violation du principe de la loyauté toute provocation à la commission de l'infraction de la part des agents de l'autorité publique* »[231]. Partant, la provocation à la commission de l'infraction est systématiquement frappée de nullité.

149. En conséquence, la sanction des manquements au principe général de la loyauté de la preuve est la nullité totale ou partielle qui frappe les actes déclarés déloyaux et illicites. Il faut souligner que la plausibilité de l'argument invoqué par les autorités poursuivantes importe peu. Il faut toujours garder à l'esprit que cette exigence a pour but l'équilibre des droits dans le procès pénal, conformément aux préceptes fondamentaux des droits de la défense. Les correctifs apportés par la haute cour portent sur la violation de la loi (le procès équitable, le principe général de la loyauté, le défaut de base légale et la contrariété de motif), justifiant la cassation totale ou partielle.

150. Néanmoins, si la Cour exonère les personnes privées de la rigueur du principe général de la loyauté quant à l'admissibilité de la preuve pénale, elle ne conclut pas très concrètement à la validité ou la régularité des indices de preuves illicites ou déloyales ainsi apportés. À ce propos, elle a rappelé que les éléments produits ne constituent pas

---

[230] Cass. crim., 27 février 1996, *Bull.*, n°93 ; Cass. crim., 11 mai 2006, *Bull.*, n°132 ; Cass. crim., 9 août 2006, requête n°06-83.219 ; Cass. crim., 4 juin 2008, *Bull.*, n°14.

[231] Cass. ass. plén., 9 décembre 2019, requête n°18-86.767.

une véritable preuve, mais un « *indice de preuve* »[232] au sens des articles 170 et 174 du CPP. Les critères sur des indices de preuve demeurent indéfinissables. Notons que leur délimitation relève de l'autorité du juge en raison de leur subjectivité.

§2. L'étendue de la nullité découlant du non-respect de la loyauté probatoire

151. La portée des manquements au principe de la loyauté a été affirmée par l'arrêt *Imbert*. Les procès-verbaux de retranscription des écoutes téléphoniques seront par la suite retirés des pièces de la procédure.

Du reste, l'acte de preuve « *n'a de valeur probante que s'il est régulier en la forme, si son auteur a agi dans l'exercice de ses fonctions et a rapporté sur une matière de sa compétence ce qu'il a vu, entendu ou constaté personnellement* »[233]. Il résulte de l'article 174, alinéa 2 du CPP que « *la chambre de l'instruction décide si l'annulation doit être limitée à tout ou partie des actes ou pièces de la procédure viciée ou s'étendre à tout ou partie*

---

[232] Cass. crim., 28 avril 1987, requête n°86-96.621 ; Cass. crim., 11 février 1992, 91-86.067. La chambre criminelle affirme que la preuve obtenue au moyen ou par des procédés délictueux ne peut être qualifiée, *in concreto,* de preuve. Elle considère qu'il s'agit d'un indice de preuve susceptible d'être soumis aux débats contradictoires. L'indice produit par les personnes privées au moyen d'une infraction (des actes délictueux et déloyaux) est assujetti à des restrictions prétoriennes. Cela paraît cohérent dès lors que le faisceau de preuves découle d'une infraction au motif qu'étant elle-même illégale, elle ne peut constituer une preuve où le juge pourra fonder sa décision. Il serait inéquitable que la Cour autorise les personnes privées à produire devant le juge des armes déloyales sous blanc-seing. En dépit de l'équité du procès pénal, la production des indices déloyaux doit être encadrée et sanctionnée par le juge répressif en tant que de besoin.

[233] CPP, article 429.

de la procédure ». Dans le même sillage, cela est réaffirmé à l'article 206, alinéa 2 du CPP. Ainsi, la nullité peut être totale ou partielle.

Les preuves résultant des actes d'enquête spéciale sont couvertes par des règles spéciales. Certes, la déloyauté intrinsèque est couverte, mais le contrôle des finalités peut conduire à sanctionner une déloyauté extrinsèque[234].

La Cour de cassation a jugé que la « *provocation à la commission d'une infraction par un agent de l'autorité publique ou par son intermédiaire porte atteinte au principe de loyauté des preuves ; que la déloyauté d'un tel procédé rend irrecevables en justice les éléments de preuve ainsi obtenus* »[235].

152. En conséquence, l'acte déloyal n'aura pas de valeur juridique et sera d'office disqualifié. La nullité emporte l'anéantissement de l'acte dépourvu « *d'effet rétroactif* »[236]. L'acte irrégulier est censé ne jamais exister. En outre, la nullité doit être fondée sur le défaut de loyauté dans l'administration de la preuve. Il peut arriver que la nullité de l'intégralité de la procédure soit encourue.

---

[234] DEMARCHI Jean-Raphaël, « La loyauté de la preuve en procédure pénale, outil transnational de protection du justiciable », précité, p. 2012.

[235] Cass. crim., 11 mai 2006, requête n°05-84.857.

[236] CORNU Gérard, *Vocabulaire juridique, op. cit.*, p. 690.

CHAPITRE II

LA PORTÉE DU NON-RESPECT DE LA LOYAUTÉ TENANT AUX ACTEURS INSTITUTIONNELS

153. Outre la nullité de l'acte déloyal, lorsque l'irrégularité de l'acte incriminé a porté une atteinte grave et manifeste à l'intérêt de la personne mise en cause, elle peut conduire à des sanctions. Ces dernières ne sont pas encadrées par un texte uniforme mais par des règles spécifiques (la déontologie, le Code pénal et le Code civil). Les agissements déloyaux et illicites dans la production de la preuve pénale encourent des sanctions pénales et déontologiques prononcées contre les magistrats[237] et les policiers[238].

154. *Primo*, la loyauté a un caractère qui relève de la morale. Il est certain qu'elle désigne la droiture, l'honneur, la probité et la sincérité. Ces expressions ont un écho parmi les exigences déontologiques. La déontologie désigne les règles qui encadrent une profession. D'après Jean-Marie Bertrand, elle constitue « *un instrument de contrôle des institutions professionnelles sur les membres* »[239]. Les manquements aux lois et aux règlements donnent lieu à l'engagement de la responsabilité disciplinaire **(Section 1)**. *Secundo*, indépendamment de la responsabilité disciplinaire, l'agent public pourrait voir sa responsabilité civile ou pénale engagée **(Section 2)**.

---

[237] Voir les articles 43 et suivants (l'article 6 et l'article 20 en ce qui concerne le serment des auditeurs de justice de l'ordonnance n°58-1270 du 22 décembre 1958 portant loi organique relative au statut du magistrat).

[238] Code de la sécurité intérieure, article R.434-24.

[239] BERTRAND Jean-Marie, « Déontologie », *in* CADIET Loïc (dir.), *Dictionnaire de la Justice*, PUF, 1re éd., 1er octobre 2004, p. 226.

SECTION 1. LA RESPONSABILITÉ DISCIPLINAIRE DE L'AGENT RELATIVE AU NON-RESPECT DE LA LOYAUTÉ

155. Les agents de l'autorité publique sont soumis à l'obligation déontologique, donc à la loyauté. La méconnaissance de la loyauté peut *de jure* engager leur responsabilité disciplinaire. Si cette exigence s'impose aux magistrats **(§1)**, elle concerne aussi l'OPJ ou l'APJ de police judiciaire **(§2)** dans la recherche de la preuve nécessaire à la manifestation de la vérité.

§1. L'action disciplinaire à l'égard du magistrat relative au non-respect de la loyauté

156. *A priori*, il faut rappeler que la loi du 31 août 1883 confie à la Cour de cassation (chambres réunies) la compétence de statuer en matière disciplinaire. La déontologie et la discipline sont liées[240], et la frontière entre les deux notions apparaît floue[241]. Les deux domaines impliquent les règles qui gouvernent l'institution judiciaire. La loyauté apparaît comme une exigence dans l'exercice des fonctions respectives. La procédure disciplinaire à l'égard d'un magistrat peut être engagée par le garde des Sceaux, le ministre de la Justice[242], les chefs de cour[243] ou tout justiciable[244]. Depuis la loi n°2010-830 du 22 juillet 2010, l'article 25 de celle-ci, devenu l'article 50-3 de l'ordonnance de 1958, offre la faculté à toute personne de

---

[240] JOLY-HURARD Julie et VANONI Julia, *La déontologie du magistrat,* 4e éd., D., 2020, p. 19-20.

[241] *Ibid.,* p. 24.

[242] Ordonnance n°58-1270 du 22 décembre 1958 portant loi organique relative au statut de la magistrature, article 50-1.

[243] *Ibid.*, article 47.

[244] *Ibid.*, article 50-3.

saisir directement le CSM pour le comportement d'un magistrat susceptible d'être qualifié de faute disciplinaire. En outre, la plainte est déposée auprès de la commission d'admission des requêtes. Il faut préciser que la procédure est rigoureusement encadrée[245]. Au préalable, il convient de noter que l'enquête administrative précède l'enquête disciplinaire[246].

157. Il n'est pas sans intérêt de replacer la loyauté au cœur de la fonction du magistrat **(A)**. Il sied de mettre l'accent sur la déloyauté en tant que faute déontologique. Ce manquement serait à l'origine de l'engagement de la responsabilité disciplinaire **(B)**. En pratique, ce seul manquement ne suffit pas, mais le CSM s'appuie sur d'autres critères déontologiques afin de prononcer des sanctions disciplinaires à l'encontre d'un magistrat **(C)**.

A) La loyauté des magistrats comme une exigence légale professionnelle

158. La loyauté est l'une des exigences fondamentales qui gouvernent la fonction des magistrats. Les magistrats du siège doivent être loyaux à l'égard de leur hiérarchie, en

---

[245] *Ibid.*, article 50-3: « [...] *À peine d'irrecevabilité, la plainte :*

- *ne peut être dirigée contre le magistrat qui demeure saisi de la procédure [dispositions déclarées non conformes à la Constitution par le Conseil constitutionnel, n°2010-611 DC du 19 juillet 2010] ;*
- *ne peut être présentée à l'expiration d'un délai suivant une décision irrévocable mettant fin à la procédure ;*
- *doit contenir l'indication détaillée des faits et griefs allégués ;*
- *doit être signée par le justiciable et indiquer son identité, son adresse ainsi que les éléments permettant d'identifier la procédure en cause.* »

[246] Ordonnance n°58-1270 du 22 décembre 1958 portant loi organique relative au statut de la magistrature, article 51, alinéa 1.

particulier envers « *l'existence et l'évolution des procédures* »[247], de leurs collègues[248], des partenaires de la justice[249], des agents publics et des justiciables. Il a été relevé qu'en vertu du statut de la magistrature, « *tout magistrat assume loyalement les charges qui lui sont confiées* »[250].

159. D'une part, la loyauté procédurale est prescrite aux magistrats du siège. Elle implique le « *respect des lois et des principes directeurs* »[251]. Ils doivent procéder à une application loyale du droit à l'égard des parties, « *avec une égale considération pour l'explication des parties* »[252]. En effet, « *son application loyale est une garantie contre l'arbitraire et assure l'égalité devant la loi* »[253]. Ils appliquent loyalement les principes directeurs du procès, le contradictoire et les droits de la défense[254]. Il faut rappeler que la loyauté apparaît comme un principe général. Les magistrats exercent leur fonction « *tout en se conformant loyalement, selon les fonctions exercées, à [leurs]*

---

247 Recueil des obligations déontologiques des magistrats, 16 janvier 2019, p. 36, par. 11-12.

248 *Ibid.*, p. 37, par. 15.

249 *Ibid.*, p. 120.

250 *Ibid.*, p. 37, par. 13.

251 Recueil des obligations déontologiques des magistrats, 1er juin 2010, C.34, p. 21.

252 Recueil des obligations déontologiques des magistrats, 16 janvier 2019, p. 37, par. 8.

253 *Ibid.*, p. 35.

254 *Ibid.*, p. 37.

obligations dans la conduite des procédures, la tenue des audiences et l'élaboration des décisions »[255].

160. D'autre part, les magistrats du parquet doivent être loyaux à l'égard de leur hiérarchie[256]. « *Les magistrats du parquet, dans l'ensemble des activités professionnelles, notamment le contrôle des enquêteurs et le contrôle des activités des officiers et des agents de police judiciaire, s'attachent à respecter et à faire respecter des principes de la procédure pénale et à rechercher, de manière objective, la preuve nécessaire à l'établissement de la vérité.* »[257]

B) La déloyauté probatoire comme faute déontologique et disciplinaire

161. Il a été rappelé *supra* que l'arrêt *Wilson* est le fondement de l'engagement de la responsabilité du magistrat pour des manquements au principe de la loyauté dans la recherche de la preuve. La déloyauté constitue « *un procédé s'écartant des règles de loyauté que doit observer toute information judiciaire, et [...] par cela même, un acte contraire aux devoirs et à la dignité du magistrat* »[258]. La Cour de cassation, statuant en chambres réunies, décide de prononcer une censure simple. Il n'est pas certain que tout acte pris par un magistrat soit considéré comme un acte déloyal. La méconnaissance des termes du serment peut

---

[255] Recueil des obligations déontologiques des magistrats, 1er juin 2010, C.31, p. 21.

[256] Recueil des obligations déontologiques des magistrats, 16 janvier 2019, p. 36, par. 12.

[257] *Ibid.*, p. 37, par. 10.

[258] Cass. ch. réunies, 31 janvier 1888, Recueil Sirey, 1889, 1, 241 ; Pierre Bozard, 176.

déterminer les poursuites disciplinaires mais ne porte pas atteinte à l'équité du procès[259].

162. En 1958, le législateur a consacré la loyauté comme une vertu essentielle dans l'exercice de la fonction du magistrat. Le respect de la déontologie des magistrats s'applique à tous les magistrats du siège comme du parquet, dans le but de préserver l'image et le crédit de l'institution judiciaire. Le manque de loyauté peut concerner des informations inexactes sur les suites données à une procédure en cours[260].

163. Selon l'article 43 de l'ordonnance de 1958 portant statut de la magistrature, « *tout manquement à l'honneur, à la délicatesse et à la probité est constitutif de faute* ». Il convient de souligner que cette liste n'est pas exhaustive. Partant, le CSM a élargi cette dernière à d'autres critères, en particulier la loyauté qui constitue un critère autonome. Concrètement, tout manquement à la loyauté procédurale est constitutif de faute disciplinaire. La connexion de ce critère a été établie avec le serment du magistrat.

164. Sur le terrain de la loyauté probatoire, il résulte de l'article 6 de l'ordonnance de 1958 que le magistrat prête ce serment : « *Je jure de bien et fidèlement remplir mes fonctions, de garder le secret des délibérations et de me conduire en tout comme un digne et loyal magistrat.* » Force est de constater que les termes « fidèlement » et « loyal » sont évocateurs au motif qu'ils symbolisent « la loyauté ». Par conséquent, la loyauté n'est pas non plus une exigence éthique mais une exigence légale du magistrat, en l'occurrence, une règle de droit autonome.

---

[259] DESPORTES Frédéric et LAZERGES-COUSQUER Laurence, *Traité de procédure pénale, op. cit.*, p. 420.

[260] CSM Siège, S238, 14 octobre 2020.

C) La sanction disciplinaire du magistrat découlant du non-respect de la loyauté

165. Les manquements d'un magistrat au devoir de loyauté sont conséquentiels. Plus généralement, les sanctions sont énumérées à l'article 45 de l'ordonnance portant statut des magistrats[261]. Cet article précise qu'une faute disciplinaire ne peut donner lieu qu'à une seule sanction. En outre, l'article 46 souligne que « *toutefois, 3°, 3° bis, 4°, 4° bis et 5° peuvent être assortis du déplacement d'office. La mise à la retraite emporte l'interdiction de prévaloir de l'honorariat de fonction prévu au premier alinéa de l'article 77* »[262].

166. De fait, les manquements découlant du serment seront considérés comme une faute disciplinaire. Il peut s'agir,

---

[261] Ordonnance n°58-1270 du 22 décembre 1958 portant loi organique relative au statut de la magistrature. L'article 45 dispose que : « *Les sanctions disciplinaires applicables aux magistrats sont :*

1° le blâme avec inscription au dossier ;

2° le déplacement d'office ;

3° le retrait de certaines fonctions ;

3° bis l'interdiction d'être nommé ou désigné dans des fonctions de juge unique pendant au maximum une durée de cinq ans ;

4° l'abaissement d'échelon ;

4° bis l'exclusion temporaire de fonction pour une durée maximum d'un an, avec privation totale ou partielle du traitement ;

5° la rétrogradation ;

6° la mise à la retraite d'office ou l'admission à cesser ses fonctions lorsque le magistrat n'a pas le droit à une pension de retraite ;

7° la révocation. »

[262] Ordonnance n°58-1270 du 22 décembre 1958 portant loi organique relative au statut de la magistrature, article 46.

d'une part, de la communication d'une information erronée sur la sûreté prise à l'égard d'une personne déférée lors de l'incident du 17 avril 2018 et, d'autre part, d'une remontée de l'information défaillante quant à la situation du tribunal d'instance[263]. Au regard des manquements, et en application des sanctions prévues à l'article 45 de l'ordonnance de 1958, précisément celles de l'échelon 2, « Le déplacement d'office », et de l'échelon 4, « L'abaissement de l'échelon », le CSM a ordonné le retrait de la fonction de juge d'instruction à un magistrat qui s'était fait passer pour sa greffière et, prenant la qualité d'un fonctionnaire de police, avait écrit au directeur de la sécurité départementale[264].

167. Le CSM a précisé qu'« *en procédant à un tel enregistrement ou même en faisant croire qu'il avait procédé à cet enregistrement, M. X a manqué aux devoirs de délicatesse et de loyauté auxquels est tenu tout juge* »[265]. À ce propos, une sanction grave a été prononcée par le juge disciplinaire, notamment la mise à la retraite d'office du magistrat[266].

168. Par ailleurs, les sanctions prononcées par le CSM sont susceptibles de faire l'objet d'un recours devant le CE, en vertu de l'arrêt *Falco et Vidaillac*[267]. Le CE statue, en tant que juge de cassation, sur les sanctions disciplinaires prononcées par le CSM Siège et le recours pour excès de pouvoir sur l'avis rendu par le CSM Parquet au ministre de la Justice, garde des Sceaux. De fait, les sanctions

---

[263] CSM Siège, S238, 14 octobre 2020.

[264] CSM Siège, S106, 24 juin 1999.

[265] CSM Siège, S079, 20 juillet 1994 ; article 45, 6° de l'ordonnance du 22 décembre 1958.

[266] CSM Siège, S238, 14 octobre 2020.

[267] CE, assemblée plénière, 17 avril 1953, requête n°24044.

prononcées pour des manquements au devoir de loyauté par un magistrat n'ont pas fait l'objet d'un recours devant le CE.

169. Au surplus, le CSM, dans sa décision S069, considère qu'« *il n'y a pas lieu de surseoir à statuer jusqu'à la décision définitive sur les poursuites pénales* »[268]. Le CE renchérit dans le même sillage[269]. L'autonomie des sanctions est ainsi unanimement reconnue par la jurisprudence du CSM et du CE.

170. Dans le sillage des jurisprudences disciplinaires, il faut souligner que l'article 29 de la loi n°83-634 du 13 juillet 1983, devenu l'article 31 de la loi n°2019, précise que « *toute faute commise par un fonctionnaire dans l'exercice ou à l'occasion de l'exercice de ses fonctions l'expose à une sanction disciplinaire sans préjudice, le cas échéant, des peines prévues par la loi pénale* ». La qualification de la faute disciplinaire est autonome des fautes civiles et pénales. L'autonomie de qualification de la faute conduit au prononcé de sanctions distinctes.

§2. L'action disciplinaire à l'égard des OPJ et des APJ pour non-respect de la loyauté

171. Il convient de noter que les manquements de l'OPJ et de l'APJ de la police judiciaire à l'exigence de loyauté dans leurs fonctions sont constitutifs de faute disciplinaire **(A)**. Il faut relever qu'ils sont soumis à une série de contrôles, notamment de leur hiérarchie, du ministre de l'Intérieur, de l'autorité judiciaire et du défenseur des droits. Ces organes exercent leurs contrôles de façon autonome. La diversité des organes de surveillance est source de confusion et de manque de lisibilité. Il aurait été raisonnablement souhaitable de conférer exclusivement ce mandat aux

---

[268] CSM Siège, S069, 29 avril 1999.

[269] CE, 22 mars 1999, requête n°186336.

autorités judiciaires en ce qui concerne les manquements aux règles déontologiques, en particulier, la loyauté dans l'exercice de leur mission de police judiciaire **(B)**. Ainsi, sans préjudice des sanctions respectives, chaque organe peut, de façon autonome, prononcer une sanction disciplinaire **(C)**.

A) La déloyauté des agents publics comme faute déontologique

172. Le Code de la sécurité intérieure encadre le rôle des policiers et des gendarmes dans l'exercice de leurs fonctions. La loi n°2021-1109 du 24 août 2021 précise, à l'article L. 434-1-A, que l'agent de police ou de gendarmerie prête serment avant « *de servir avec dignité et loyauté la République* ». Pour ce qui est de l'agent de la police municipale, la loyauté est l'une des exigences qu'il doit observer[270].

173. Le décret n°2009-481 du 28 avril 2009, relatif aux prestations de serment des réservistes de la gendarmerie, est plus illustratif, comme le montre l'article 2 de ce texte : « *Je jure de remplir loyalement mes fonctions et d'observer les devoirs et les réserves qu'elles m'imposent. [...] Je promets de faire preuve de dévouement, de droiture, de dignité, de prudence et d'impartialité.* »

174. Ce serment contient les mots « loyalement » et « droiture », qui expriment parfaitement la loyauté. Les actions entreprises par les agents publics doivent être compatibles avec leur serment. Ainsi, ils doivent mener les enquêtes conformément au principe de la loyauté, comme prescrit par leur serment. La déloyauté de la part de l'agent dans la recherche de la preuve reviendrait à bafouer son serment et écornerait l'image du corps selon le cas.

---

[270] Code de la sécurité intérieure, article L. 515-1-A.

175. En effet, les OPJ et les APJ de la police et de la gendarmerie sont administrativement placés sous l'autorité du ministre de l'Intérieur. Dans l'exercice de leur mission de police judiciaire, leur rôle concerne « *la défense des institutions et des intérêts nationaux, le respect des lois, le maintien de la paix et de l'ordre publics, la protection des personnes et des biens* »[271]. L'article 434-2 du Code de la sécurité intérieure précise qu'« *au service des institutions républicaines et de la population, policiers et gendarmes exercent leurs fonctions avec loyauté, sens de l'honneur et dévouement* ». Il faut toujours garder à l'esprit que les enquêteurs doivent impérativement, en vertu de l'article susmentionné, montrer de la loyauté dans l'administration de la preuve.

176. En outre, la loyauté a un caractère général. Ici, il convient de rappeler qu'elle s'applique à la recherche de la preuve. Il est de jurisprudence constante de la Cour de cassation que les détournements et les contournements de procédure sont interdits aux agents publics, comme il a été évoqué *supra*[272]. Il s'agit de concilier l'équilibre entre l'administration de la preuve et le principe de l'équité du procès. Lors de la recherche de la preuve, l'agent public doit concilier ces deux exigences afin de ne pas méconnaître son devoir de loyauté.

B) Les organes investis du contrôle externe de l'agent public

177. Pour l'essentiel, les OPJ et les APJ sont placés sous la surveillance du procureur de la République et sous le contrôle de la chambre de l'instruction et de la Cour de cassation. Ces autorités judiciaires sont autorisées à prononcer des sanctions disciplinaires contre les agents

---

[271] Code de la sécurité intérieure, article 434-2.

[272] *Supra*, p. 25 et s.

publics **(1)**. En outre, le défenseur des droits opère un contrôle externe mais ne prononce pas de sanctions **(2)**.

1) Le contrôle externe autonome des enquêteurs opéré par l'autorité judiciaire

178. Aux termes de l'article 224 du CPP, « *la chambre de l'instruction exerce un contrôle sur l'activité des fonctionnaires civils et militaires, officiers et agents de police judiciaire, pris en cette qualité* ». « *Les articles 224 et suivants du Code de procédure pénale qui chargent la chambre d'accusation d'exercer un contrôle de caractère disciplinaire sur l'activité des officiers et agents de police judiciaire sont étrangers au régime des nullités pouvant affecter les actes de procédure.* »[273]

179. Ce faisant, la chambre criminelle considère que « *sous la surveillance du procureur général et sous le contrôle de la chambre d'accusation, cette juridiction est compétente pour prendre, sous le contrôle de la Cour de cassation, les décisions disciplinaires prévues par l'article 227 dudit texte, alors même que le procureur général aurait, à raison des mêmes faits, usé à l'égard de l'officier de police judiciaire des pouvoirs différents par leur nature et par leur étendue* »[274].

180. L'article 227 du CPP affirme que la chambre de l'instruction peut prononcer des sanctions disciplinaires contre les fonctionnaires de police judiciaire, indépendamment de celles de leur supérieur hiérarchique. Elles peuvent concerner l'interdiction temporaire ou définitive d'exercer dans le ressort de la cour d'appel ou sur le territoire. La sanction prononcée ne fait pas obstacle à celle prononcée par la hiérarchie, sur recommandation du conseil disciplinaire.

---

[273] Cass. crim., 20 mars 1984, requête n°82-94.121.

[274] Cass. crim., 4 mai 1988, requête n°87-90.098.

En l'espèce, les manquements graves au principe de la loyauté probatoire des enquêteurs ne peuvent échapper à une sanction de la part des autorités judiciaires ainsi que de leur hiérarchie.

2) Le contrôle externe autonome opéré par le défenseur des droits

181. Le défenseur des droits est investi de diverses missions. Ses missions de contrôle des comportements déontologiques des agents et des officiers de la sécurité feront l'objet d'une analyse. En application de l'article 71-1 de la loi constitutionnelle n°2008-734 du 23 juillet 2008, le défenseur des droits veille au respect de la déontologie par les agents de sécurité[275]. Il faut souligner qu'il n'est pas habilité à prononcer des sanctions à l'encontre des agents publics. Il peut faire des recommandations qui assurent le respect des libertés fondamentales et en prévenir la réitération, saisir le procureur aux fins de poursuites pénales[276] ainsi que l'autorité chargée d'engager des poursuites disciplinaires si les faits allégués « *paraissent de nature à justifier une sanction* »[277].

Le défenseur des droits est l'organe qui veille à l'application des règles déontologiques des fonctionnaires de la police et de la gendarmerie.

182. En pratique, les manquements des agents publics dans l'administration de la preuve doivent être constatés par le défenseur des droits. L'intérêt des actes établis par le fonctionnaire de police judiciaire est fondamental. Le défenseur des droits note qu'il est le fondement du système

[275] Code de la sécurité intérieure, article L. 142-1 ; article R. 343-24.

[276] CPP, article 40, alinéas 1 et 2.

[277] Code de la sécurité intérieure, article R. 343-24.

pénal dans un État de droit[278]. Toujours, il précise qu'« *en réalisant une présentation erronée des faits ou/et en omettant des incidents survenus au cours d'une interpellation, le rédacteur d'une procédure porte gravement atteinte à la crédibilité de l'ensemble des personnes assermentées dont les écrits sont soumis à l'appréciation de l'autorité judiciaire et susceptibles de fonder les poursuites judiciaires et des condamnations pénales* »[279].

Sur le terrain de la sanction, le défenseur des droits préconise qu'il soit rappelé à l'agent public l'« *obligation de remplir avec rigueur et loyauté les procès-verbaux* »[280].

C) Les sanctions disciplinaires à l'encontre de l'agent liées aux manquements à la loyauté

183. Les manquements des agents publics peuvent faire l'objet de sanctions disciplinaires[281]. Des mesures conservatoires peuvent être prononcées contre l'agent. Les manquements de l'agent public au devoir de loyauté occasionnent des sanctions disciplinaires, notamment l'avertissement, le blâme, l'abaissement d'échelon, l'exclusion temporaire d'un à trente jours, le déplacement d'office, la rétrogradation, le retrait d'office, la révocation, l'exclusion définitive, la radiation.

184. En vertu de l'article 434-27 du Code de la sécurité intérieure, la sanction disciplinaire ne fait pas obstacle à d'autres sanctions. Il faut noter que cet article pose le principe de l'autonomie de la sanction. L'article 29 de la loi dite « Le Pors » précise que la faute commise par le

---

[278] Défenseur des droits, avis du 13 novembre 2012, p. 4.

[279] *Ibid.*

[280] *Ibid.*

[281] Code de la sécurité intérieure, article R. 434-27.

fonctionnaire « *l'expose à une sanction disciplinaire sans préjudice sur la loi pénale* »[282]. *Idem,* le CE affirme que « *l'administration peut prononcer la sanction sans attendre l'issue de l'action pénale* »[283].

SECTION 2. LA RESPONSABILITÉ PÉNALE ET CIVILE DE L'AGENT RÉSULTANT DE LA LOYAUTÉ

185. L'immunité des magistrats et des agents publics dans l'exercice de leur fonction est relative. La faute commise détermine la mise en jeu de leur responsabilité personnelle en matière pénale. Si la faute de l'agent de l'autorité publique est susceptible d'être qualifiée de faute pénale, sa responsabilité pénale peut être mise en jeu. Il en est de même pour l'agent public **(§1)**.

En matière civile, si la faute commise n'est pas détachable du service, la responsabilité civile de l'État peut être engagée. Ce dernier peut invoquer les causes d'exonération (la force majeure, la faute de l'agent) et la limitation de responsabilité (fait d'un tiers et faute de la victime, y compris l'exercice d'une action récursoire contre l'agent public) **(§2)**.

§1. La responsabilité pénale des acteurs institutionnels du procès pénal

La responsabilité pénale de l'agent public peut être engagée si l'acte déloyal a donné lieu à une infraction pénale. Ce cas peut être moins qualifié chez les magistrats **(A)**. Plus généralement, certaines pratiques policières peuvent recevoir la qualification d'infraction pénale **(B)**.

---

[282] Article 29 de la loi n°8-634 du 13 juillet 1983, dite loi « Le Pors ».

[283] CE, 7/5 SSR, 7 février 2001, requête n°210574 ; CE, 27 juillet 2009, requête n°313588.

A) La responsabilité pénale du magistrat

186. L'action pénale peut être engagée à l'égard d'un magistrat, comme tout citoyen, au nom du principe de l'égalité devant la loi. Les magistrats ne bénéficient plus de l'immunité depuis la loi n°83-2 du 4 janvier 1983. Particulièrement, si leur comportement est susceptible d'être qualifié de faute pénale, leur responsabilité peut être engagée.

187. La mise en œuvre de la responsabilité du magistrat est subordonnée à une procédure particulière. En droit positif, la responsabilité pénale des magistrats n'a pas été engagée sur le fondement d'un manquement au principe de la loyauté des preuves ayant occasionné une infraction pénale. Au regard des incertitudes résultant de la provocation à la preuve par les acteurs institutionnels du procès pénal, la consécration d'une infraction pénale incriminant ce comportement est recommandée[284].

B) La responsabilité pénale de l'agent de la police judiciaire

188. Les enquêteurs peuvent voir leur responsabilité engagée. Faut-il que l'acte soit constitutif d'une infraction pénale au sens du Code pénal ? L'acte déloyal ne donne pas lieu à une sanction, mais à une infraction pénale. Il faut nécessairement que la faute soit d'une extrême gravité.

L'agent public responsable des tortures d'une personne ayant entraîné des coups et des blessures verra sa responsabilité pénale engagée. Nul ne peut être soumis à la torture[285]. L'auteur encourt 15 ans de réclusion criminelle en application de l'article 222-1 du Code pénal.

---

[284] FIORINI Benjamin, « La loyauté de la preuve en procédure pénale : délimitation et piste d'amélioration », *in* CHAUMET Pierre-Olivier et PUIGELIER Catherine (dir.), Penser la loyauté en droit, Mélanges en l'honneur de Christine Youego, *op. cit.*, p. 87.

[285] Conv. EDH, article 8.

189. Hormis les prescriptions légales, l'enquêteur qui s'introduit dans le domicile d'autrui contre le gré de la personne risque des sanctions pénales, précisément deux ans d'emprisonnement et 30 000 € d'amende[286].

190. Le juge d'instruction tient des articles 81, alinéa premier, 151 et 152 du CPP le pouvoir de prescrire, « *en vue de la constatation des infractions, tous les actes d'information utiles à la manifestation de la vérité, y compris l'enregistrement de conversations privées, pourvu que, comme en l'espèce, ces mesures aient lieu sous son contrôle et dans des conditions ne portant pas atteinte aux droits de la défense* »[287].
Les enquêteurs (les OPJ ou les APJ de la police ou de la gendarmerie) chargés de la recherche de la preuve doivent agir dans le respect de la loi. Aux termes de l'article 432-9 du Code pénal, « *le fait, par une personne dépositaire de l'autorité publique ou chargée d'une mission de service public, agissant dans l'exercice ou à l'occasion de l'exercice de ses fonctions ou de sa mission, d'ordonner, de commettre ou de faciliter hors les cas prévus par la loi, le détournement, la suppression ou l'ouverture de correspondances ou la révélation du contenu de ces correspondances, est puni de trois ans d'emprisonnement et de 45 000 € d'amende* ».

§2. La responsabilité civile de l'agent découlant du non-respect de la loyauté

191. La victime doit justifier l'existence d'un préjudice (légitime, certain et direct) résultant de manquements à la loyauté par l'agent de l'autorité publique. Il lui incombe de prouver l'ensemble des conditions d'engagement de la responsabilité civile, notamment la faute, le lien de

[286] CPP, article 432-8.

[287] Cass. crim., 23 novembre 1999, requête n°99-82.658.

causalité et le préjudice. L'action doit avoir un lien avec l'administration de la preuve par l'agent public.

L'agent public peut faire valoir toutes les limitations de responsabilité (la faute de la victime, le cas de force majeure ou le fait d'un tiers). Il faut ajouter que la jurisprudence exige qu'il « *ne puisse y avoir pour la victime ni perte ni profit* »[288]. Autrement dit, « *l'indemnisation doit réparer tout le dommage, mais rien que le dommage* »[289]. La réparation doit être intégrale, sans excéder le montant du préjudice. Pour la mise en œuvre de la responsabilité civile, le préjudice découlant de la méconnaissance du principe de la loyauté probatoire doit être d'une gravité suffisante et avoir causé un dommage pour engager une action civile contre le magistrat **(A)** ou le fonctionnaire de la police judiciaire **(B)**.

A) L'action civile de la victime contre le magistrat

192. Convient-il que l'acte déloyal dont est victime la personne mise en cause soit constitutif d'une faute lourde ayant occasionné un préjudice susceptible d'engager la responsabilité civile du magistrat ? L'hypothèse reste peu probable. En l'état actuel, aucun précédent relatif à la loyauté dont est victime un justiciable ne peut être relevé. Toutefois, le régime de responsabilité des magistrats est actionnable, à commencer par celui de l'État pour défectuosité du service public **(1)**, avec une possible action récursoire contre le magistrat pour faute personnelle **(2)**.

1) L'action civile directe de la victime contre l'État

193. L'article 11-1 de l'ordonnance de 1958 précise que « *la responsabilité des magistrats qui ont commis une faute*

---

[288] Cass. civ. 2e, 9 nov. 1976, requête n°75-11.737.

[289] Civ. 2e, 15 déc. 1986, requête n°85-15.516.

personnelle se rattachant au service de la justice ne peut être engagée que sur l'action récursoire de l'État ».

Les régimes spéciaux de responsabilité (l'erreur judiciaire[290] et la détention provisoire injustifiée[291]) du fait des magistrats ne retiennent pas le cas de l'acte déloyal de ces derniers. Dès lors, il est très difficile d'engager la responsabilité du magistrat.

194. En vertu de l'article L. 141 du Code de l'organisation judiciaire, « *l'État est tenu de réparer le dommage causé par le fonctionnement défectueux du service public de la justice* ». *A fortiori*, il « *est civilement responsable des condamnations en dommages et intérêts qui sont prononcées à raison de ces faits contre les juges, sauf son recours contre ces derniers* »[292]. Rien n'interdit à l'État d'agir contre le magistrat.

2) L'action récursoire de l'État contre le magistrat

195. L'alinéa 2 de l'article 11-1 de l'ordonnance de 1958 offre à l'État la possibilité d'actionner un recours contre un magistrat devant une chambre de la Cour de cassation. À la lumière de l'article 11-1 de l'ordonnance de 1958, « *les magistrats du corps judiciaire ne sont responsables que de leurs fautes personnelles* ». La faute du magistrat doit être dépourvue de tout lien avec le service public, c'est-à-dire « *exclusivement personnelle* »[293].

196. Ce faisant, il faut préciser que « *le juge peut être pris à partie s'il y a dol, fraude, concussion ou faute lourde,*

---

[290] CPP, article 626.

[291] CPP, article 149.

[292] Code de l'organisation judiciaire, article L. 141-3.

[293] JOLY-HURARD Julie, « La responsabilité civile, pénale et disciplinaire des magistrats », précité, p. 445.

commise soit dans le cours de l'instruction, soit lors des jugements »[294]. L'article L. 141-2 du Code de l'organisation judiciaire précise que la responsabilité des magistrats pour faute lourde est régie par le statut de la magistrature. Pour le non-respect de la loyauté ayant entraîné des dommages à la victime, il incombe à cette dernière d'établir l'existence d'une faute lourde du magistrat.

Cela conduit à se référer au régime général de la responsabilité civile, et en particulier aux articles 1240, 1241 et 1242 du Code civil. Cette action récursoire est exercée devant une chambre civile de la Cour de cassation[295].

Il faut noter que le magistrat peut se prévaloir des moyens de limitation de responsabilité possibles (faute de la victime, force majeure, etc.).

B) L'action civile contre le fonctionnaire de la police judiciaire

La victime d'une faute civile peut agir en responsabilité contre l'État s'il s'agit d'une faute de service **(1)**. À défaut, si la faute est détachable du service public, elle peut agir contre l'agent public **(2)**.

1) L'action de la victime contre l'État

197. L'action contre l'agent public peut être engagée contre l'État si la faute résulte du service public. L'accusé, la victime ou le tiers serait bien fondé de demander la réparation si l'obtention de la preuve déloyale avait causé des dommages. L'État serait fondé d'agir contre l'agent public par le biais de l'action récursoire.

---

[294] Code de l'organisation judiciaire, article L. 141-3.

[295] Ordonnance n°58-1270 du 22 décembre 1958 portant loi organique relative au statut de la magistrature, article 11-1.

2) La faute personnelle de l'agent public

198. La théorie de la faute personnelle de l'agent « détachable du service public » a été consacrée par la jurisprudence *Pelletier* du TC du 10 juillet 1873[296]. Celle-ci a établi la distinction entre la faute de l'agent et la faute de service afin de préciser le partage de responsabilité. Elle engage la responsabilité civile de l'agent devant les juridictions judiciaires.

199. Sur le fondement du décret-loi du 16 fructidor an III et de l'article 3 de la procédure pénale, la Cour de cassation a jugé que « *la juridiction judiciaire est tenue de statuer sur la réparation des conséquences dommageables de la faute commise par un agent public et revêtant le caractère d'une faute personnelle, détachable de la fonction ; que constitue une telle faute celle qui révèle un manquement volontaire et inexcusable à des obligations d'ordre professionnel et déontologique* »[297].

200. Les policiers et les gendarmes ne bénéficient pas de l'immunité. Leurs actions relèvent du régime de la responsabilité personnelle. L'établissement des conditions générales de la responsabilité est requis. Il s'agit de la faute, du lien de causalité et du dommage. La faute de l'agent public doit être détachée du service public.

201. En effet, les articles 1241 et 1242 du Code civil apparaissent comme des fondements d'engagement de la responsabilité civile de l'agent public. Il incombe à la victime d'apporter la preuve des dommages, conformément aux articles 1353 et suivants du Code civil. Il faut rappeler que le principe de la réparation intégrale gouverne ce régime. Cela relève de la jurisprudence constante de la juridiction suprême.

---

[296] CE, 30 juillet 1873, requête n°00035.

[297] Cass. crim., 16 novembre 2004, requête n°03-87.114.

CONCLUSION DE LA PARTIE II

202. *Per se,* la loyauté est un principe essentiel à la profession des magistrats, des policiers et des gendarmes. Elle est également un principe dont la méconnaissance peut conduire à des sanctions telles que l'annulation de l'acte. Les sanctions visent à encadrer la recherche de la preuve par l'agent de l'autorité publique. Le principe de la loyauté de la preuve n'est rien d'autre qu'un garde-fou permettant d'éluder le détournement et le contournement de la loi. Celle-ci consolide la crédibilité de la preuve apportée par les enquêteurs.

203. La partie à laquelle est reproché l'acte incriminé pourrait saisir le juge disciplinaire, le juge pénal et le juge civil afin que soit prononcée une sanction. Il ne sied pas de s'attarder sur les sanctions, mais de faire prévaloir leur caractère pédagogique et préventif afin de garantir la crédibilité de l'institution judiciaire et du corps de la police et de la gendarmerie.

204. À toutes fins utiles, l'application du principe de la loyauté ne passe pas uniquement par celle de la loi au motif que celle-ci apporte de nombreuses dérogations à l'exigence de loyauté dans la recherche de la preuve pénale. Force est de constater que seul le respect strict des règles déontologiques pourrait, à court et à long terme, garantir la loyauté dans la recherche de la preuve par les enquêteurs. Pour cela, le suivi et la formation des agents publics relatifs aux règles déontologiques pourraient être la pièce maîtresse du respect de la loyauté en matière pénale. Ils permettront d'assurer la prévention des manquements à la loyauté et à d'autres exigences d'ordre déontologique.

La responsabilité de l'agent de l'autorité publique pour des manquements à l'obligation de loyauté est gouvernée par l'autonomie de poursuite. En matière disciplinaire, cela semble contraire au principe *ne bis in idem* en tant qu'il ouvre la voie à « *un cumul de répression* »[298].

Le juge d'instruction et le procureur doivent veiller au respect de la loyauté et la faire appliquer par les enquêteurs qui sont sous leur autorité. La loyauté procédurale prescrite est imbriquée à l'exigence prescrite par le statut de la magistrature.

La cohérence et l'harmonie entre les exigences déontologiques des agents de l'autorité publique et le principe de la loyauté procédurale se révèlent nécessaires. L'action du législateur est inéluctable. Elle permettra de consolider les acquis jurisprudentiels et d'établir la cohérence entre la loyauté procédurale et l'éthique des acteurs institutionnels du procès pénal. Cette harmonie n'est pas contraire à l'esprit de la loi pénale et de la déontologie.

---

[298] JOLY-HURARD Julie et VANONI Julia, *La déontologie du magistrat, op. cit.*, p. 193.

CONCLUSION GÉNÉRALE

205. La loyauté a fait son irruption dans le droit, en particulier dans l'administration de la preuve en matière pénale. Son essor est spectaculaire. Même si l'exigence du principe général de la loyauté s'impose aux magistrats et aux fonctionnaires de police judiciaire, il faut que cela soit justifié en termes de droit autant que de morale. Ce principe est solidement ancré dans la jurisprudence de la Cour de cassation et de la Cour EDH. En dépit de diverses limitations jurisprudentielles et légales, son avenir n'est pas en danger.

Quid de l'intérêt de l'application du principe pour les parties en présence, à commencer par les services d'enquête chargés de la recherche de la preuve nécessaire à la manifestation de la vérité ? Les preuves obtenues de manière loyale par l'application des règles légales offrent aux enquêteurs une crédibilité objective. Il est reconnu que l'agent de l'autorité publique doit se distinguer des particuliers (l'accusé, la victime, etc.) dans la recherche de la preuve. La méconnaissance du principe de la loyauté par les acteurs institutionnels du procès pénal revient à bafouer de manière générale « leur serment » et « la loyauté de la procédure ».

206. Quant à la justice, les preuves produites par les enquêteurs en application des principes généraux permettront de consolider la préservation des droits des parties en présence. En outre, le principe de la loyauté permet de consolider l'indépendance et l'impartialité de l'institution judiciaire à l'égard des parties (l'accusé, l'accusation et les victimes).

Le principe général de la loyauté de la preuve constitue le « fer de lance » de la personne mise en cause. Ses recours à ce principe peuvent être bénéfiques. Il s'agit de la préservation des droits de la défense et de l'annulation de la preuve obtenue de manière excessivement déloyale, qui sera retirée du dossier de la procédure. Ce principe apparaît à l'évidence comme un bouclier qui conforte les droits de la défense.

Pour la victime, la loyauté des acteurs institutionnels consolide ses droits et sa confiance envers la preuve produite lors du combat judiciaire.

207. Enfin, le principe de la loyauté de la preuve implique le respect de la dignité et de la transparence dans l'administration de la preuve pénale par les enquêteurs. La motivation susmentionnée atteste que ce principe doit être doté d'une assise légale dans le CPP, dès lors que les règles déontologiques exigent la loyauté des agents de l'autorité publique dans l'exercice de leurs fonctions.

La préservation de l'ensemble des intérêts en présence a pour finalité d'encadrer la phase préparatoire du procès. Cela est exprimé par le fait que « *la fin ne saurait justifier les moyens* »[299].

---

299 MAISTRE DU CHAMBON P., « La régularité des provocations policières : l'évolution de la jurisprudence », *JCP*, 1989, I, 3422, cité par PERRIER Jean-Baptiste, « *Fair-play* de la justice pénale », précité, p. 436.

PROPOSITIONS DE *LEGA FERENDA*

➢ 1re proposition

208. Le principe de la loyauté apparaît comme un principe qui cohabite avec les autres principes généraux. Il est opportun que le législateur consacre la loyauté comme exigence légale prescrite aux enquêteurs dans la recherche de la preuve, aux fins de rééquilibrages financiers et juridiques entre les droits de la personne mise en cause et du ministère public.

➢ 2e proposition

209. L'engagement de la responsabilité disciplinaire devrait être abandonné au profit de la formation et du recyclage rémunéré des agents de l'autorité publique sur les principes déontologiques, et ce, une fois par an. Ce recyclage permettrait d'éluder la mise en jeu de la responsabilité disciplinaire, pénale et civile des magistrats et des fonctionnaires de la police judiciaire, notamment les gendarmes et les policiers. Cela pourrait renforcer leur professionnalisme.

➢ 3e proposition

210. Si certaines techniques spéciales d'enquête sont explicitement consacrées par le CPP, il est cependant clair que la provocation policière n'est pas expressément consacrée par le législateur. Cela est susceptible de créer de l'insécurité juridique. Or, en vertu de l'article 8 de la DDHC et du principe *nullum crimen, nulla poena sine lege,* la loi pénale doit être précise et claire. Il est souhaitable que le législateur encadre cette technique dans la recherche de la preuve, qui peut, dans une certaine circonstance, porter atteinte aux droits de la personne mise en cause, et en particulier au principe de la loyauté.

- **4ᵉ proposition**

211. Les agents et officiers de police judiciaire sont placés sous la surveillance et le contrôle des autorités judiciaires, du défenseur des droits, des autorités de la police et de la gendarmerie. Il faut souligner que certaines autorités peuvent prendre des sanctions disciplinaires autonomes. Il est souhaitable que les fonctionnaires de police judiciaire soient soumis à une sanction uniforme.

La responsabilité disciplinaire des OPJ et des APJ de la police et de la gendarmerie peut être placée exclusivement sous le contrôle de l'autorité judiciaire en cas de manquement à leur obligation déontologique et disciplinaire dans l'exercice de leur mission de police judiciaire. Partant, cela permet d'harmoniser le régime disciplinaire et d'éviter des contrariétés de jugement.

- **5ᵉ proposition**

212. Les OPJ et les APJ de la police et de la gendarmerie peuvent faire l'objet de diverses sanctions par des organes distincts, en l'occurrence, le conseil de discipline de la police ou de la gendarmerie et la chambre de l'instruction, sous l'autorité de la Cour de cassation. La question de la pertinence et de la confusion des sanctions disciplinaires se pose. Ces sanctions autonomes et cumulatives, prononcées par ces organes respectifs, semblent contraires au principe *ne bis in idem*. Les manquements au principe de la loyauté devraient être conférés exclusivement à la chambre de l'instruction, sous le contrôle de la Cour de cassation.

- **6ᵉ proposition**

213. Le cumul des sanctions disciplinaires des fonctionnaires de la police judiciaire en cas de manquement grave aux règles déontologiques, et en particulier, à la loyauté dans la recherche de la preuve, peut faire l'objet d'une QPC. Des sanctions disciplinaires peuvent être prononcées par la chambre de l'instruction et le conseil de discipline de l'agent. Sous l'angle de la légalité des délits et des peines visée à l'article 8 de la DDHC, une QPC pourrait être déférée au Conseil constitutionnel afin de vérifier la conformité constitutionnelle des dispositions que prévoient les sanctions.

LEGA FERENDA PROPOSALS

- **1st proposal**

208. The principle of loyalty appears to coexist with other general principles. It is appropriate for the legislator to enshrine loyalty as a legal requirement for investigators in the search for evidence, in order to achieve a financial and legal balance between the rights of the accused and those of the public prosecutor.

- **2nd proposal**

209. Disciplinary liability should be abandoned in favor of training and paid refresher courses on ethical principles for public officials once a year. This refresher course would make it possible to avoid incurring the disciplinary, criminal and civil liability of magistrates and judicial police officers, notably gendarmes and police officers. And it could enhance their professionalism.

- **3rd proposal**

210. While certain special investigative techniques are explicitly enshrined in the CPP, it is clear that police provocation is not expressly enshrined by the legislator. This is likely to create legal uncertainty. Under article 8 of the DDHC and the principle of *nullum crimen, nulla poena sine lege*, criminal law must be precise and clear. It would be desirable for the legislator to provide a framework for this technique in the search for evidence, which can, in certain circumstances, infringe the rights of the accused person, and in particular the principle of loyalty.

- **4th proposal**

211. Judicial police officers and agents are subject to the supervision and control of the judicial authorities, the défenseur des droits, and the police and gendarmerie authorities. It should be emphasized that some authorities may impose disciplinary sanctions independently of others. It is desirable that officers be subject to a uniform sanction.

The disciplinary responsibility of OPJs and APJs of the police or gendarmerie can be placed exclusively under the control of the judicial authority in the event of breaches of their ethical and disciplinary obligations in the exercise of the judicial police. This will harmonize the disciplinary regime and avoid inconsistencies in judgment.

- **5th proposal**

212. OPJs and APJs of the police and gendarmerie may be subject to various sanctions by separate bodies, in this case, the Police or Gendarmerie Disciplinary Board and the Investigating Chamber under the authority of the Court of Cassation. This raises the question of the relevance and confusion of disciplinary sanctions. These autonomous and cumulative sanctions pronounced by these respective bodies seem contrary to the *ne bis in idem* principle. Breaches of the principle of loyalty should be dealt with exclusively by the chambre de l'instruction, under the supervision of the Cour de cassation.

- **6th proposal**

213. The question of the cumulation of disciplinary sanctions for judicial police officers in the event of serious breaches of ethical rules, in particular, of loyalty in the search for evidence, may be the subject of a QPC. When disciplinary sanctions are imposed by the Investigating

Chamber and the officer's Disciplinary Board. From the standpoint of the legality of offences and penalties under article 8 of the French Constitution, a QPC could be referred to the Constitutional Council in order to verify the constitutionality of the provisions providing for such penalties.

BIBLIOGRAPHIE SÉLECTIVE

I. Ouvrages

- **ALIX Julie et autres (dir.),** *Humanisme et justice, Mélanges en l'honneur de Geneviève Giudicelli-Delage*, D., 2016, p. 279 et s.
- **ARNAUD André-Jean,** *Dictionnaire encyclopédique de théorie et sociologie de droit,* LGDJ, 2e éd., Collection « Anthologie du droit », 2018, p. 190.
- **BEAUVAIS Pascal et PARIZOT Raphaëlle (dir.),** *Les transformations de la preuve pénale,* Lextenso, LGDJ, 2018, p. 12.
- **CADIET Loïc (dir.),** *Dictionnaire de la Justice,* PUF, 1re éd., octobre 2004, p. 226.
- **Collectif**, *Entre tradition et modernité, le droit pénal en contrepoint, Mélanges en l'honneur d'Yves Mayaud*, 2017, p. 135.
- **CORNU Gérard,** *Vocabulaire juridique*, 13e éd., Quadrige-PUF, 2020, p. 624-690.
- **DEBOVE Frédéric, FALLETI François et PONS Iris,** *Précis de droit pénal et de procédure pénale,* PUF, 8e éd., Collection « Major », 2020, p. 765.
- **DESPORTES Frédéric et LAZERGES-COUSQUER Laurence,** *Traité de procédure pénale,* 4e éd., Economica, Collection « Corpus-droit privé », 2015, p. 419 et s.
- **JOLY-HURARD Julie et VANONI Julia,** *La déontologie du magistrat,* 4e éd., D., 2020, p. 19 et s.

- **LALANDE André (dir.),** *Vocabulaire technique et critique de la philosophie,* 3e éd., Quadrige-PUF, 2010, p. 585.
- **CRETEAU Élodie, BOUFFARD Jennifer et autres (dir.),** *La loyauté,* acte du colloque de l'École doctorale 461, juin 2016, p. 170.
- **PETIT Franck (dir.),** *Droit et loyauté,* D., Collection « Thèmes et commentaires », acte de colloque, 2015, p. 42.
- **PRADEL Jean et VARINARD André (dir.),** *Grands arrêts,* D., 10e éd., 2020, p. 226.
- **PUIGELIER Catherine, BOTTINI Fabien et autres,** *Dictionnaire juridique,* Bruylant, 3e éd., Collection « Paradigme », 2020, p. 916.
- **PUIGELIER Catherine,** *La pratique de la cassation en matière sociale,* Collection « Droit et Professionnels », ISBN 978-2-7110-1828-4, 2013, p. 184.
- **PUIGELIER Catherine (dir.),** *La preuve,* Collection « Études Juridiques », Economica, 2004, p. 53.
- **SERGUES Bernard,** *Citations juridiques en droit pénal,* octobre 2020, p. 143.
- **WATHELET Joachim,** *La loyauté en droit de la propriété intellectuelle,* Presses universitaires d'Aix-Marseille, Collection « Institut de Droit des Affaires », 2019, p. 17.

II. Revues et encyclopédies

- **AMBROISE-CASTÉROT Coralie,** « Aveu, Répertoire de droit pénal et de la procédure pénale », avril 2020, par. 61.

- **ASCENSI Lionel,** « Retour au principe de la loyauté », D., *AJ Pénal*, 2012, p. 326.
- **ASCENSI Lionel,** « Retour sur le principe de la loyauté de la preuve », D., *AJ Pénal*, 07 mars 2012, p. 346.
- **BARTHÉLEMY Jean,** « Loyauté et déontologie », *in* FAYE Sylvie (dir.), *Loyauté*, D., *Justice et Cassation*, 2014, p. 21-23.
- **CONTE Philippe,** « La loyauté de la preuve dans la jurisprudence de la Cour de cassation : vers la solution de quadrature du cercle », Lexis 360, *Droit pénal*, n°4, avril 2009.
- **CORDIER François,** « L'autorité publique ne peut ni directement ni indirectement participer à l'obtention illicite de la preuve par une partie privée », D., *RSC*, 2016, p. 797.
- **DANET Jean,** « Principe de la loyauté des preuves et sonorisation de garde à vue », *RSC*, 2014, p. 130.
- **DÉCIMA Olivier,** « La loyauté de la preuve pénale et ses composantes », D., 2018, p. 103.
- **DE COMBLES DE NAYVES Pierre,** « À la recherche de la loyauté », *AJ Pénal*, n°3, mars 2016, p. 115.
- **DE GOUVILLE LEMONNIER** Pauline, « Loyauté des preuves et identification du stratagème déloyal », Lexbase, n°710, 7 septembre 2017, p. 2 et s.
- **DELAGE Pierre-Jérôme,** « Une mobilisation inopportune du principe de la loyauté de la preuve ? », *RSC*, 2023, p. 143.

- **DEMARCHI Jean-Raphaël,** « La loyauté de la preuve en procédure pénale, outil transnational de protection du justiciable », Recueil D., 2007, p. 2012.
- **DESPORTES Frédéric,** « La loyauté dans l'enquête », *in* FAYE Sylvie (dir.), *Loyauté*, D., *Justice et Cassation*, 2014, p. 24 et s.
- **GARÉ Thierry,** « L'admission de la preuve illégale : la chambre criminelle signe et persiste », D., 2000, p. 391.
- **GARREAU Denis,** « La loyauté dans la preuve : un principe résiduel, voire inutile », *Justice et Cassation*, 2014, p. 41.
- **GÉRARD Pitti,** « L'affaire de la *sextape* : on ne dribble pas le principe de la loyauté des preuves ! », *Gazette du Palais*, n°31, 19 septembre 2017.
- **GIRAULT Carole,** « Quand la loyauté dicte sa loi », *AJ Pénal*, 2015, p. 362.
- **GUÉRY Christian,** « Loyauté de la preuve », D. Action, Droit pratique de l'instruction préparatoire, 2022-2023, par. 552.21.
- **GUINCHARD Serge et BUISSON Jacques,** « Procédure pénale », LexisNexis, 15e éd., 2002, p. 503.
- **HALARD Guillaume,** « Réflexion sur la provocation policière », D., *RSC*, janvier-mars 2018, p. 33-34.
- **JOLY-HURARD Julie,** « La responsabilité civile, pénale et disciplinaire des magistrats », *Revue internationale de droit comparé*, vol. 58, n°2, 2006, p. 439-475.

https://www.persee.fr/doc/ridc_0035-3337_2006_num_58_2_19431.

- **LARDEUX Gwendoline,** « Le principe probatoire : règle de preuve, les principes fondamentaux », D., *Répertoire de droit civil*, octobre 2018, par. 382.
- **LASSERRE CAPDEVILLE Jérôme,** « La preuve fournie par les parties privées : confirmation de la tolérance quant au principe de loyauté », D., *AJ Pénal*, 2010, p. 281.
- **MATSOPOULOU Haritini,** « Consécration et limites du principe de la loyauté de la preuve : quelle réalité », *Lamy*, 27 août 2019, p. 1 et s.
- **PERRIER Jean-Baptiste,** « Le *fair-play* de la preuve pénale », D., *AJ Pénal*, n°10, octobre 2017, p. 436-437.
- **PITTI Gérard,** « L'affaire de la *sextape*, match retour : l'art de la feinte », Lextenso, *Gazette du Palais*, n°03, 21 janvier 2020, p. 19.
- **PRADEL Jean,** « La sonorisation d'un local de garde à vue est-elle licite ? », D., 2015, p. 711.
- **REDON Michel,** « Principes relatifs à l'admission des preuves à l'audience », *RDPP*, D., juin 2017, par. 285.
- **RENUCCI Jean-François,** « Droits de l'homme (CEDH) : équité du procès, loyauté des preuves et droit au silence », *RSC*, octobre-décembre 2015, p. 976.
- **RENUCCI Jean-François,** « Loyauté des preuves et le procédé dit "testing" », D., *RSC*, 2002, p. 879.

- **SAENKO Laurent,** « Du caractère (dé)loyal de la preuve à l'origine inconnue », Recueil D., n°14, 22 avril 2021, p. 776.
- **THOUVENIN Gilles,** « Préface », D., *Justice et Cassation*, 2014, p. 5-6.
- **VIERGES Étienne,** « Loyauté, deux apports majeurs à la théorie de la preuve pénale », D. Recueil, 13 février 2014, p. 410.
- **VLAMYNICK Hervé,** « Droit de ne pas s'auto-incriminer et la loyauté de la preuve », *AJ Pénal*, 2014, p. 194.
- **WETTERWALD-BERGEAUD Aurélie,** « Du bon usage du principe de loyauté des preuves », Lexis 360, *Droit pénal,* n°4, étude 7, avril 2014, par. 17.

III. Textes/Lois

- Convention EDH de 1950.
- Constitution du 4 octobre 1958.
- Déclaration des droits de l'homme et du citoyen de 1789.
- Code de procédure pénale.
- Code de l'organisation judiciaire.
- Code de la sécurité intérieure.
- Loi n°8-634 du 13 juillet 1983 dite loi « Le Pors ».
- Ordonnance n°58-1270 du 22 décembre 1958, portant loi organique relative au statut de la magistrature.

VI. Jurisprudence sélective

A) Cour EDH

- Cour EDH, grande chambre, *Ramanauskas c./Lituanie*, requête n°74420/01, 5 février 2008, par. 55.

- Cour EDH, *Vanianne c./Russie*, requête n°53203/99, 15 décembre 2005, par. 46-47.
- Cour EDH, *Eurofinacom c./France*, requête n°58753/00, CEDH 2004-VII.
- Cour EDH, *Teixeira de Castro c./Portugal*, requête n°25829/94, juin 1998, par. 35 et s.
- Cour EDH, *Furcht c./L'Allemagne*, 23 octobre 2014, requête n°56 4648/09.

B) Conseil constitutionnel

- Décision n°2022-987, 8 avril 2022, par. 12.
- Décision n°2021-817, 20 mai 2021, par. 118.
- Décision n°2011-191/194/195/196/197, QPC du 18 novembre 2011, considérant 30.

C) Conseil d'État

- CE, 27 juillet 2009, requête n°313588.
- CE, 7 février 2001, requête n°210574.
- CE, 22 mars 1999, requête n°186336.
- CE, assemblée, 17 avril 1953, requête n°24044.
- CE, 30 juillet 1873, requête n°00035.

D) Cour de cassation

1) Assemblée plénière

- Cass. ass. plén., 9 décembre 2019, requête n°18-86.767.
- Cass. crim., 18 juin 2019, requête n°19-80.015.
- Cass. ass. plén., 6 mars 2015, requête n°14-84.339, note Pierre-Jérôme Delage, *RSC*, 2015, p. 117 ; note Jean-François Renucci, *RSC*, 2015, p. 971.

- Cass. ass. plén., 7 janvier 2011, requête n°09-14.316.

2) Chambre civile

- Cass. civ. 2e, 15 décembre 1986, requête n°85-15.516.
- Cass. civ. 2e, 9 novembre 1976, requête n°75-11.737.

3) Chambre sociale

- Cass. soc., 2 décembre 1998, requête n°96-44.258.

4) Chambre criminelle

- Cass. crim., 1er février 2022, requête n°21-85.148.
- Cass. crim., 7 septembre 2021, requête n°21-80.642 B.
- Cass. crim., 7 janvier 2020, n°19-84.246.
- Cass. crim., 6 février 2018, requête n°17-85.301, D., 2018, 353, note Jean Pradel.
- Cass. crim., 20 décembre 2017, requête n°17-82.435.
- Cass. crim., 10 novembre 2017, requête n°17-82.028.
- Cass. crim., 11 juillet 2017, requête n°17-80.313.
- Cass. crim., 20 septembre 2016, n°16-80-820, François Cordier, *RSC*, 2016, p. 797.
- Cass. crim., 14 avril 2015, requête n°14-88.054.
- Cass. crim., 14 avril 2015, requête n°14-87.914.
- Cass. crim., 17 mars 2015, requête n°14-88.351, note Sébastien Fucini, « Sonorisation en maison

d'arrêt : en l'absence de caractère déloyal », D., 3 avril 2015, p. 1.

- Cass. crim., 6 mars 2015, requête n°1484.339.
- Cass. crim., 7 janvier 2014, requête n°13-85.246, obs. S. Fucini, note J. Pradel ; *AJ Pénal*, 2015, 362, *RSC*, 2015, obs. J. Delage ; note Vierges Étienne, D. Recueil, 13 février 2014, p. 406 et s. ; note Albert Maron et Marion Haas, Lexis 360, avril 2015, comm. 58 ; note Wetterwald-Bergeaud Aurélie, *Droit pénal,* n°4, étude 7, avril 2014 ; Berlaud Catherine, Lextenso, *Gazette du Palais*, 16 janvier 2014, n°161 ; note Jean Danet, *RSC*, 2014, p. 130.
- Cass. crim., 31 janvier 2012, requête n°11-85.464.
- Cass. crim., 27 janvier 2010, note Jérôme Lasserre Capdeville, « La preuve fournie par les parties privées : confirmation de la tolérance quant au principe de loyauté », D., *AJ Pénal*, 2010, p. 280.
- Cass. crim., 4 juin 2008, requête n°08-81.045, D., 2008, 1766 et les obs. ; *AJ Pénal*, 2008, 425, obs. S. Lavric ; *RSC*, 2008, 621, obs. J. Francillon.
- Cass. crim., 7 février 2007, requête n°06-87.53, *Bull. crim.*, 2007, 37, *AJ Pénal*, note Jean Pradel ; *AJ Pénal*, 2007, 233, obs. J. Buisson.
- Cass. crim., 31 janvier 2007, requête n°06-82.383.
- Cass. crim., 9 août 2006, requête n°06-83.219.
- Cass. crim., 11 mai 2006, requête n°05-84.837 ; D., *AJ Pénal*, 2006, note Verges ; *RSC*, 2006, 848, R. Finiels, obs. J.-F. Renucci ; *ibid.*, 879, obs. Renucci.
- Cass. crim., 16 novembre 2004, requête n°03-87.114.

- Cass. civ. 2e, 7 octobre 2004, requête n°03-12.653.
- Cass. crim., 12 juin 2003, requête n°02-81.122 ; note Jean-François Renucci, *RSC*, 2007, p. 895.
- Cass. crim., 11 juin 2002, requête n°16-80-820.
- Cass. crim., 11 juin 2002, requête n°01-85.559 ; note Jean-François Renucci, *RSC*, 2002, p. 879.
- Cass. crim., 11 mai 2001, *Bull.*, n°132.
- Cass. crim., 13 juin 2001, requête n°00-85.580.
- Cass. crim., 23 novembre 1999, requête n°99-82.658.
- Cass. crim., 30 mars 1999, requête n°97-83464.
- Cass. crim., 19 janvier 1999, requête n°98-83.787.
- Cass. crim., 16 décembre 1997, *Bull.*, n°427.
- Cass. crim., 27 février 1996, requête n°95-82.366.
- Cass. crim., 6 avril 1994, requête n°93-82.717.
- Cass. crim., 23 juillet 1992, requête n°92-82.72, D., 1993, somm. 206, obs. Pradel Jean ; Crim., 6 avril 1993, *JCP*, 1993, II, 22144, note Rassat, *in* « Grands arrêts », Pradel Jean et Varinard André (dir.), D., 10e éd., 2020, p. 219.
- Cass. crim., 15 juin 1993, requête n°92-82.509.
- Cass. crim., 3 juin 1992, requête n°91-8.562.
- Cass. crim., 22 avril 1992, requête n°90-85.125.
- Cass. crim., 22 avril 1992, requête n°90-85.12.
- Cass. crim., 11 février 1992, requête n°91-86.067.
- Cass. crim., 18 décembre 1989, requête n°81.659.
- Cass. crim., 5 mai 1988, requête n°97-83.117.
- Cass. crim., 4 mai 1988, requête n°87-90.098.

- Cass. crim., 28 avril 1987, requête n°86-96.62.
- Cass. crim., 28 avril 1987, *Bull.*, n°173, note Desportes Frédéric et Lazerges-Cousquer Laurence, *Traité de procédure pénale*, 4e éd., Economica, Collection « Corpus-droit privé », p. 448.
- Cass. crim., 20 mars 1984, requête n°82-94.121.
- Cass. crim., 2 mars 1971, requête n°70-91.810.
- Cass. crim., *JCP*, 12 juin 1952, II, n°7241.
- Cass. ch. réunies, 31 janvier 1888, Recueil Sirey, 1889, 1, 241 ; note Pierre Bozard, 176.

6) Conseil supérieur de la magistrature

- CSM Siège, S238, 14 octobre 2020.
- CSM Siège, S106, 24 juin 1999.
- CSM Siège, S069, 29 avril 1999.
- CSM Siège, S079, 20 juillet 1994.

IV. Documents divers

- Recueil des obligations déontologiques des magistrats, 16 janvier 2019.
- Recueil des obligations déontologiques des magistrats, 1er juin 2010.
- Défenseur des droits, avis du 13 novembre 2012.
- BOURSIER Marie-Emma, *Le principe de loyauté en droit processuel*, D., Collection « Bibliothèque des Thèses », 2003, p. X et s.

INDEX SÉLECTIF

A

Action récursoire · 79, 80
Actualité · 14, 64
Autonomie de poursuite · 83

C

Conseil de discipline · 88

D

Déséquilibre financier et matériel · 49

E

Enregistrement · 22, 23, 30, 33, 41, 45, 55, 56, 72, 78
État de droit · 13, 75
Éthiques · 9, 36
Exigence éthique · 12, 14, 19

I

Intérêt de l'accusé · 67

J

JLD · 44
Juge instructeur · III
Juge pénal · 8

L

Légalité · III, 15, 17, 24, 28, 36, 38, 40, 43, 49, 52, 58
Liberté de la preuve · III, 15, 17, 19, 28, 30, 36, 57

M

Magistrat instructeur · 11, 19, 20

N

Nullitétotaleoupartielle · 65

P

Préjudice réparable · 79, 81
Prescription légale · 11, 16
Prestige de l'instituion judiciaire · 85
Prestige de l'institution judiciaire · III
Principes fondamentaux · 8, 12, 35, 58, 95
Procédés déloyaux · 25, 26, 32, 33, 34, 58, 61, 64
Procédure disciplinaire · 14, 68
Procès équitable · 8, 10, 13, 14, 23, 25, 30, 47, 49, 50, 54, 55, 56, 59, 65
Promotion de la loyauté probatoire · 14
Proposition de lega feranda · 87

R

Rééquilibrage · 36, 59, 87
Règle de procédure · 21, 22, 23
Respect de la loi · 13, 17, 51, 78
Ressourcesfinancières etmatérielles · 31

S

Sécurité juridique · III

V

Valeur juridique · 66
Violation de la loi · III

TABLE DES MATIÈRES

DÉDICACE 7
AVERTISSEMENT 9
SIGLES ET ABRÉVIATIONS 11
SOMMAIRE 13
INTRODUCTION 15

PARTIE I
LA LOYAUTÉ PROBATOIRE : UN PRINCIPE GÉNÉRAL EXCLUSIVEMENT PRÉTORIEN 29

CHAPITRE I
L'ÉVICTION DU PRINCIPE DE LA LIBERTÉ DÉVOLUE À LA LOYAUTÉ PROBATOIRE 31

SECTION 1. LES ACTEURS INSTITUTIONNELS DU PROCÈS PÉNAL ASSUJETTIS AU PRINCIPE DE LA LOYAUTÉ 33

§1. L'exigence de la loyauté probatoire imposée aux magistrats instructeurs 33
§2. L'exigence de loyauté imposée aux OPJ et aux APJ de la police judiciaire 34
A) Le principe de la loyauté applicable *in personam* aux agents publics 35
B) Les procédés relatifs aux manquements au principe général de la loyauté 36
1) La non-conformité du contournement de la règle de procédure au principe de la loyauté 37
2) La non-conformité du détournement de la règle de procédure au principe de la loyauté 39
3) Analyse juridique conceptuelle de la provocation policière 41
a) L'incompatibilité de la « provocation à l'infraction » au principe de la loyauté 42

b) La compatibilité de la « provocation à la preuve » au principe de la loyauté........... 44
§3. La loyauté comme condition supplémentaire au principe de la liberté de la preuve.............. 46
SECTION 2. LES LIMITATIONS JURISPRUDENTIELLES AU PRINCIPE DE LA LOYAUTÉ PROBATOIRE................................ 49
§1. Les personnes privées exonérées du respect de la loyauté probatoire.................................. 49
A) La protection *in favorem* des personnes privées au mépris de la loyauté........................ 52
1) L'accusé exonéré du respect du principe de la loyauté probatoire.................................. 52
2) La partie civile exonérée du respect du principe de la loyauté probatoire 53
3) Le témoin exonéré du respect du principe de la loyauté probatoire............. 55
B) L'opération dite de « testing » 56
§2. La neutralisation du principe de la loyauté *via* la contradiction 58
CHAPITRE II LA LOYAUTÉ PROBATOIRE : UNE CONSÉCRATION NORMATIVE INCERTAINE. 61
SECTION 1. LE PÉRIMÈTRE LÉGALEMENT LIMITÉ DU PRINCIPE DE LA LOYAUTÉ PROBATOIRE 63
§1. La suprématie inéluctable de la légalité sur le principe de la loyauté probatoire 63
A) Les pratiques autorisées pour les nécessités de l'enquête, mais contraires à la loyauté........ 64
1) La géolocalisation 65
2) L'infiltration 65
3) La sonorisation des lieux........................ 67

4) La captation des données informatiques . 69
5) La captation des images 71
6) L'enregistrement dans des espaces publics 71
7) La surveillance par les services de renseignement... 72
B) L'incertitude résultant de la consécration légale de la loyauté probatoire 73
§2. Analyse critique du principe de la loyauté de la preuve pénale 76
A) Approche positive du principe de la loyauté probatoire.. 76
B) Approche négative contre le principe de la loyauté probatoire 80

SECTION 2. LE PRINCIPE DE LA LOYAUTÉ PROBATOIRE FONDÉ SUR L'ARTICLE 6 DE LA CONVENTION EDH 84

§1. La loyauté probatoire : une consécration conventionnelle irrésolue.................................. 84
§2. La loyauté sous le sceau du procès équitable selon la Cour EDH 85

CONCLUSION DE LA PARTIE I 90

PARTIE II
LA PORTÉE DES MANQUEMENTS AU PRINCIPE DE LA LOYAUTÉ PROBATOIRE 93

CHAPITRE I
LA PORTÉE DU NON-RESPECT DE LA LOYAUTÉ PROBATOIRE TENANT À L'ACTE . 95

SECTION 1. ACTION EN NULLITÉ CONTRE UN PROCÉDÉ DÉLOYAL 95

§1. Les conditions de l'annulation d'une preuve obtenue par des procédés déloyaux.................. 96
A) Les conditions de forme 96

B) Les conditions de fond 96
§2. La saisine judiciaire quant aux manquements à la loyauté de la preuve........... 97

SECTION 2. L'EFFET DIRECT DE L'ANNULATION DE LA PREUVE OBTENUE PAR DES PROCÉDÉS DÉLOYAUX................. 98

§1. L'office du juge d'écarter les preuves produites.. 98
§2. L'étendue de la nullité découlant du non-respect de la loyauté probatoire 101

CHAPITRE II
LA PORTÉE DU NON-RESPECT DE LA LOYAUTÉ TENANT AUX ACTEURS INSTITUTIONNELS... 103

SECTION 1. LA RESPONSABILITÉ DISCIPLINAIRE DE L'AGENT RELATIVE AU NON-RESPECT DE LA LOYAUTÉ................ 104

§1. L'action disciplinaire à l'égard du magistrat relative au non-respect de la loyauté 104
A) La loyauté des magistrats comme une exigence légale professionnelle..................... 105
B) La déloyauté probatoire comme faute déontologique et disciplinaire 107
C) La sanction disciplinaire du magistrat découlant du non-respect de la loyauté 109
§2. L'action disciplinaire à l'égard des OPJ et des APJ pour non-respect de la loyauté..........111
A) La déloyauté des agents publics comme faute déontologique...112
B) Les organes investis du contrôle externe de l'agent public...113
1) Le contrôle externe autonome des enquêteurs opéré par l'autorité judiciaire...114

2) Le contrôle externe autonome opéré par le défenseur des droits 115
C) Les sanctions disciplinaires à l'encontre de l'agent liées aux manquements à la loyauté ... 116
SECTION 2. LA RESPONSABILITÉ PÉNALE ET CIVILE DE L'AGENT RÉSULTANT DE LA LOYAUTÉ 117
§1. La responsabilité pénale des acteurs institutionnels du procès pénal 117
A) La responsabilité pénale du magistrat 118
B) La responsabilité pénale de l'agent de la police judiciaire 118
§2. La responsabilité civile de l'agent découlant du non-respect de la loyauté 119
A) L'action civile de la victime contre le magistrat 120
1) L'action civile directe de la victime contre l'État 120
2) L'action récursoire de l'État contre le magistrat 121
B) L'action civile contre le fonctionnaire de la police judiciaire 122
1) L'action de la victime contre l'État 122
2) La faute personnelle de l'agent public .. 123
CONCLUSION DE LA PARTIE II 124
CONCLUSION GÉNÉRALE 127
PROPOSITIONS DE *LEGA FERENDA* 129
***LEGA FERENDA* PROPOSALS** 132
BIBLIOGRAPHIE SÉLECTIVE 135
INDEX SÉLECTIF 147
TABLE DES MATIÈRES 151

Structures éditoriales du groupe L'Harmattan

L'Harmattan Italie
Via degli Artisti, 15
10124 Torino
harmattan.italia@gmail.com

L'Harmattan Hongrie
Kossuth l. u. 14-16.
1053 Budapest
harmattan@harmattan.hu

L'Harmattan Sénégal
10 VDN SICAP AMITIE 3
BP 45034 Dakar-Fann
direction@senharmattan.com

L'Harmattan Cameroun
Tsinga/Derrière polyclinique FECAFOOT
BP 11486 Yaoundé
Jacques.koukam@harmattan.fr

L'Harmattan Burkina Faso
Villa 281, secteur 23 623, rue 14.32
Ouagadougou
zagbie@outlook.fr

L'Harmattan Guinée
Almamya, rue KA 028 OKB Agency
BP 3470 Conakry
harmattanguinee@yahoo.fr

L'Harmattan RDC
185, avenue Nyangwe
Commune de Lingwala – Kinshasa
matangilamusadila@yahoo.fr

L'Harmattan Congo
219, avenue Nelson Mandela
BP 2874 Brazzaville
deunovmikhael@gmail.com

L'Harmattan Mali
Immeuble Mgr Jean Marie Cissé
Aci Hamadallaye
BP 145 Bamako
syllaka@yahoo.fr

L'Harmattan Togo
Djidjole – Maison Amela
face EPP BATOME
02 BP 20680 Lomé
didieramela11@gmail.com

L'Harmattan Côte d'Ivoire
Résidence Karl – Cité des Arts
Abidjan-Cocody
03 BP 1588 Abidjan
harmattan.ivoire@gmail.com

L'Harmattan Bénin
Rue 604, (Immeuble à l'entrée
de la rue UCAO- Cite de Saint-Jean)
Cotonou
stepcorpus@gmail.com

Nos librairies en France

Librairie internationale
16, rue des Écoles
75005 Paris
librairie.internationale@harmattan.fr
01 40 46 79 11
www.librairieharmattan.com

Librairie des savoirs
21, rue des Écoles
75005 Paris
librairie.sh@harmattan.fr
01 46 34 13 71
www.librairieharmattansh.com

www.ingramcontent.com/pod-product-compliance
Lightning Source LLC
LaVergne TN
LVHW021226061026
849535LV00008B/2940
9782336506555